Infância e Modernidade

Ensaios de filosofia e educação

Martha D'Angelo

Infância e Modernidade

Ensaios de filosofia e educação

EDITORA
IDEIAS&
LETRAS

Direção Editorial
Marcelo C. Araújo

Comissão Editorial:
Avelino Grassi
Edvaldo Araújo
Márcio Fabri

Copidesque
Camila Pereira Ferrete

Revisão:
Ana Aline Guedes da Fonseca de Brito Batista

Diagramação
Érico Leon Amorina

Capa
Jéssica Rodrigues Tavares

© Ideias & Letras, 2013.

EDITORA
IDEIAS&
LETRAS

Rua Diana, 592
Cj. 121 - Perdizes
05019-000 - São Paulo - SP
(11) 3675-1319 (11) 3862-4831
Televendas: 0800 777 6004
vendas@ideiaseletras.com.br
www.ideiaseletras.com.br

Dados Internacionais de Catalogação na Publicação (CIP)
(Câmara Brasileira do Livro, SP, Brasil)

D'Angelo, Martha
Infância & modernidade / Martha D'Angelo. -
São Paulo : Ideias & Letras, 2013.

ISBN 978-85-65893-24-4

1. Benjamin, Walter, 1892-1940 - Crítica e
interpretação 2. Cultura - Filosofia 3. Filosofia
4. Modernidade I. Título.

13-03597   CDD-193

Índices para catálogo sistemático:

1. Benjamin : Filosofia alemã 193

Para Júlio,
por tudo que aprendemos juntos.

Sumário

1- Infância em Berlim: expedições às
profundezas da memória 9

2- Representações da mulher na tradição filosófica:
Razão e preconceito 28

3- O anjo da história e a história da arte 46

4- Tragicidade da imagem na cultura moderna 66

5- Escrita e memória: dos hieróglifos aos
textos eletrônicos 83

6- Filosofia e epistemologia: um breve histórico
a partir de Piaget 96

7- Educação e pós-modernidade 110

8- Cultura e formação na perspectiva da
Escola de Frankfurt 116

1 INFÂNCIA EM BERLIM: EXPEDIÇÕES ÀS PROFUNDEZAS DA MEMÓRIA

> O narrador é o homem que poderia deixar
> a luz tênue de sua narração consumir completamente
> a mecha de sua vida.[1]
>
> Walter Benjamin

Por volta de 1900, Berlim foi retratada numa série de artigos da revista *Les Temps* como "uma cidade moderna, exemplar do ponto de vista sanitário, com uma malha ferroviária superior à de Paris e um metrô em perfeito funcionamento"[2] (Richard, 1993, p. 14). Considerada a maior cidade industrial do continente europeu, Berlim não exercia, segundo o autor da matéria, o professor T. Colani, da Universidade de Estrasburgo, uma influência marcante na política, na economia, na literatura e nas artes, nem mesmo dentro da Alemanha. Foi somente após a Primeira Guerra Mundial que a cidade passou a irradiar certo poder; lá estava o Reichstag, onde se defrontavam os deputados da política imperial com os poucos que a eles se opunham. Todo o aparato administrativo e militar que comandava a Alemanha ficava em Berlim, assim como os sindicatos

---

1 BENJAMIN, Walter. "O Narrador" em: *Magia e técnica, arte e política: ensaios sobre literatura e história da cultura*. São Paulo: Brasiliense, 1994 (Obras Escolhidas I), p. 221.
2 RICHARD, Lionel. *Uma identidade contraditória*. Em: RICHARD, Lionel (org) Berlim, 1919-1933. *A encarnação extrema da modernidade*. Rio de Janeiro: Jorge Zahar, 1993, (Col. Memória das cidades), p. 14.

e partidos mais importantes. O movimento expressionista não teria acontecido com a mesma força sem as revistas berlinenses Der Sturm e Die Aktion.

Após a queda do regime Imperial, em novembro de 1918, e a grande disputa política que a sucedeu, as forças de esquerda foram aniquiladas. O fim da "República Socialista" proclamada por Liebknecht deu lugar à República de Weimar, cuja sustentação era assegurada pela aliança entre as facções antidemocráticas e os dirigentes da social-democracia. O paradoxo de um Estado republicano sustentado, em parte, por forças antirrepublicanas, e o fim dos créditos americanos após a crise de 1929, criaram condições para o crescimento do nazismo e a ascensão de Hitler ao poder, em 1933. A palavra de ordem de Wilhelm Stapel "Avante contra Berlim" e o ódio contra "a capital vermelha e infestada de judeus" conduziram as forças nazistas, que fizeram desaparecer a grande metrópole cultural que, entre 1919 e 1933, proporcionou aos europeus uma vida artística e intelectual tão rica e diversificada como a de Paris.

Após analisar a *identidade contraditória* de Berlim durante a República de Weimar, Lionel Richard concluiu:

> *O que aconteceu com a grandeza cultural de Berlim? Foi aniquilada. Para resultar em quê? Em 70.000 toneladas de bombas despejadas sobre a cidade, e depois da capitulação diante do Exército Vermelho, em 75 milhões de metros cúbicos de entulho a ser retirado. Dos 160.000 judeus de antes de 1933, sobreviveram apenas 10.000.*[3]

---

3 RICHARD, Lionel. *Uma identidade contraditória*. Em: RICHARD, Lionel (org) Berlim, 1919-1933. A Encarnação extrema da modernidade. Rio de Janeiro: Jorge Zahar, 1993. (Col. Memória das cidades), p. 29.

Concluído em 1932, *Infância em Berlim* (*Berliner Kindheit em 1900*) fala de uma cidade desaparecida, ou, melhor, fala de uma cidade que ainda existia e se mantinha viva na memória de Walter Benjamim. Por volta de 1900 a grande Berlim era apenas um projeto em formação na cabeça de alguns arquitetos e urbanistas. Na virada do século XIX para o século XX, com o crescimento da população, os problemas sociais e de habitação se tornaram graves, com cerca de 10 milhões de habitantes num raio de aproximadamente 25 quilômetros em torno do coração medieval de Berlim (Ribe, 1993, p. 50). A instabilidade econômica, política e social da Alemanha na primeira metade do século XX sempre se manifestou com maior intensidade em Berlim. Em 1932, as condições de vida de um intelectual berlinense, judeu, pobre, e de esquerda, eram extremamente difíceis. Foi, portanto, num contexto bastante adverso que se deu a produção de *Infância em Berlim*. A inflação e a crise alemã de 1923, que levaram à falência muitos empresários e comerciantes, ampliando para 210.000 o número de desempregados e elevando o preço de meio quilo de pão para 80 bilhões de marcos (Ribe, p. 56), arrasaram com as condições financeiras da família de Benjamin. A partir dessa época ele não pôde mais contar com a ajuda dos pais para manter suas despesas. Não obstante os reveses, a espontaneidade do olhar da criança ressurgiu com muita força nesse conjunto de textos aparentemente mais próximos da literatura que da filosofia.

No primeiro parágrafo do livro, em "*Tiergarten*", Benjamin (1995, p. 73) faz um comentário que pode servir como uma espécie de senha para o leitor penetrar no texto:

Saber orientar-se numa cidade não significa muito. No entanto, perder-se numa cidade, como alguém se perde numa floresta, requer instrução. Nesse caso, o nome das ruas deve soar para aquele que se perde como o estalar do graveto seco ao ser pisado, e as vielas do centro da cidade devem refletir as horas do dia tão nitidamente quanto um desfiladeiro. Aprendi essa arte tardiamente; ela tornou real o sonho cujos labirintos nos mata-borrões de meus cadernos foram os primeiros vestígios.[4]

Compreendendo a necessidade da entrega no aprendizado de uma arte, o leitor também se dá conta de que é preciso se perder no texto para se encontrar com o autor. Entendendo por *se perder* o abandono de uma expectativa de narração autobiográfica linear, centrada nos fatos e guiada por uma cronologia histórica convencional. Tomando como indicação as observações de Jeanne Marie Gagnebin (2004, p. 80), o leitor deve seguir o escoamento do tempo vivido pelo autor e concentrar-se na construção de uma série de imagens exemplares, mônadas privilegiadas, que "retêm a extensão do tempo na intensidade de uma vibração". Comparando o trabalho da memória, e o vínculo passado/presente em Proust e Benjamin, Gagnebin fez a seguinte distinção:

> *Já conhecemos suficientemente a "Infância Berlinense" para perceber o quanto o projeto benjaminiano é outro. Sem dúvida, como em Proust, as imagens do passado infantil voltam para iluminar o presente por uma coincidência súbita que não depende da memória voluntária do sujeito. Porém, essas coincidências não são o fruto exclusivo do acaso, uma concepção que Benjamin critica na estética proustiana. Elas remetem muito mais àquilo que me parece caracterizar a escrita benjaminiana, uma espécie de intensidade*

---

4   BENJAMIN, Walter. *Rua de mão única*. São Paulo: Brasiliense, 1995. (Obras escolhidas v. 2), p. 73.

na atenção, em oposição, notadamente, à obstinação da intenção (grifo no original).⁵

A ênfase na *atenção* indica um olhar para fora, ao contrário da *intenção* que aprisiona o fluxo narrativo ao sujeito consciente. Na *Recherche* proustiana, a impossibilidade de reencontro com o tempo perdido do passado conduz, como observou Gagnebin (2004, p. 86), citando Szondi, o narrador para fora do tempo, que se deixa fixar enquanto obra de arte, salvando o narrador de uma desilusão completa. Benjamin dirige sua atenção para fora, para as coisas do mundo, para Berlim, *objetivando* o trabalho da memória, pois aprendeu com Proust que é vã a tentativa de reviver os êxtases da infância. A rememoração em O *jogo das letras* (Der Lesekasten) é reveladora neste sentido:

> Nunca podemos recuperar totalmente o que foi esquecido. E talvez seja bom assim. O choque do resgate do passado seria tão destrutivo que, no exato momento, forçosamente deixaríamos de compreender nossa saudade. Mas é por isso que a compreendemos, e tanto melhor, quanto mais profundamente jaz em nós o esquecido. (...) A saudade que em mim desperta o jogo das letras prova como foi parte integrante da minha infância. O que busco nele, na verdade, é ela mesma: a infância por inteiro, tal qual a sabia manipular a mão que empurrava as letras no filete, onde se ordenavam como uma palavra. A mão pode ainda sonhar com essa manipulação, mas nunca mais poderá despertar para realizá-la de fato. Assim, posso sonhar como no passado aprendi a andar. Mas isso de nada adianta. Hoje sei andar; porém nunca mais poderei tornar a aprendê-lo.⁶

---

5 GAGNEBIN, Jeanne-Marie. *História e Narração em Walter Benjamin*. São Paulo: Perspectiva, 2004, p. 87.
6 BENJAMIN, W. *Rua de mão única*. São Paulo: Brasiliense, 1995. (Obras escolhidas v. 2), p. 104.

A carga de subjetividade de *Infância em Berlim* foi vista por Adorno (1995, p. 72) como uma espécie de contrapeso à pesquisa objetiva que resultou no grande volume de material histórico reunido para o *Passagen-Werk*. As imagens de *Infância em Berlim*, surgidas com a dor do irrecuperável, "não são idílicas nem contemplativas". Produzidas após um período de profunda depressão, que quase culminou em suicídio, "sobre elas se mantém a sombra da morte projetada pelo Reich hitleriano".

É bastante irônico que um texto com forte carga autobiográfica tenha sido publicado inicialmente de modo fragmentado e com pseudônimo. Sob o peso da necessidade, após a imigração, Benjamin vendeu partes do trabalho a algumas revistas, especialmente *Frankfurter Zeitung* e *Vossicher Zeitung*.

Os comentários de Adorno sobre esse assunto estão fundamentados em revelações feitas pelo próprio Benjamin. Numa carta escrita a Gershon Scholem em 26 de setembro de 1932, após informar sobre os problemas financeiros que estavam dificultando sua viagem a Berlim no mês de outubro para encontrar com o amigo, Benjamin afirma:

> *Aproveito esta situação, que apesar de toda a miséria ainda é relativamente estimável, para me permitir o luxo monstruoso de me concentrar exclusivamente, pela primeira vez desde quem sabe quando, numa única tarefa. (...) escrevo o dia todo e às vezes também à noite. Mas se você imaginasse um manuscrito extenso, estaria cometendo um erro. É não só um manuscrito curto, mas também em pequenas seções: uma forma sempre inspirada, em primeiro lugar, pelo caráter precário, materialmente arriscado, da minha produção e, em segundo lugar, pela consideração de seu proveito comercial. Nesse caso, essa forma parece-me decerto absolutamente necessária devido ao assunto. Em suma trata-se de*

uma série de notas à qual darei o título de Berliner Kindheit um 1900 *(A Infância Berlinense por volta de 1900). (...) O trabalho está terminado em sua maior parte e poderia num tempo curto, influenciar bastante favoravelmente a minha situação financeira, se as minhas relações com o Frankfurter Zeitung não tivessem sido cortadas repentinamente, há alguns meses, em consequência de uma constelação totalmente inexplicável, que até agora não pude sondar. De resto, porém, espero dessas recordações de infância – você provavelmente notou que elas não têm a forma de crônica, mas representam expedições individuais às profundezas da memória – que possam ser publicadas, talvez pela Rowohlt, em forma de livro...*"[7]

Há comentários de Scholem ao processo de criação deste trabalho de Benjamin que demarcam suas mudanças fundamentais. Iniciado numa temporada em Ibisa com pretensão simplesmente autobiográfica, *Berliner Chronik* se transformou, após alguns meses apenas, em *Berliner Kindheit*, um trabalho, segundo Scholem, guiado por uma *concepção poético-filosófica* nova e muito criativa.

Os textos produzidos por Benjamin a partir de suas expedições às profundezas da memória têm uma forma compatível com as possibilidades e as limitações da memória no resgate da experiência com a cidade durante a infância, e, como ele mesmo reconheceu, com as condições objetivas de sua existência. Adorno (1995, p. 21) percebeu com muita clareza o diferencial conceitual e metodológico da obra de Benjamin, e a distância que o separava da tradição filosófica *stricto sensu*, talvez porque a princípio ele tenha ficado muito abalado com a estrutura de

---

7 SCHOLEM, Gershom. *Walter Benjamin: a história de uma amizade*. São Paulo: Perspectiva, 1989, p. 188.

pensamento que lhe corresponde. Nesse caso, o pensamento não se constrói orientado por uma visão de totalidade, tal como acontece nos grandes sistemas filosóficos e no marxismo ortodoxo. Ele advém da *atenção*, isto é, do trabalho paciente do observador que, ampliando o micro e o fragmentário com uma lupa, está mais preocupado em *ver* os fenômenos de perto do que em tentar explicá-los a partir de um todo social. A estratégia de produzir um estranhamento em relação ao objeto, através de uma aproximação que amplia ao máximo suas dimensões, é oposta à perspectiva historicista/positivista, que associa conhecimento a distanciamento do objeto. O medo de Adorno desse mergulho no microcósmico e no micrológico, um movimento excessivamente distanciado de Hegel, pode ser representado através de duas imagens: perder-se no labirinto (irracionalismo) ou ser devorado pelo minotauro (não resistir ao positivismo). As críticas de Adorno a Benjamin, pela ausência de mediação dialética em alguns trabalhos, foram feitas numa época em que ainda não estava claro para ele algo que foi dito textualmente, num artigo feito por ocasião do décimo aniversário da morte de Benjamin: "Em todas as suas fases, Benjamin uniu em seu pensamento a decadência do sujeito e a salvação do homem. Isso define o arco macrocósmico em cujas microcósmicas figuras estava absorto".[8]

No ensaio sobre Proust (*Zum Bilde Prousts*), escrito em 1929, o tema da memória também é tratado como muita densidade. Neste texto encontramos alguns comentários sobre o significado e a importância da *Recherche* que se ajustam como uma luva ao próprio Benjamin, especialmente os trechos:

---

8 ADORNO, T. W. *Sobre Walter Benjamin*. Madri: Cátedra, 1995, p. 14.

"... ele construiu com as colmeias da memória uma casa para o enxame de seus pensamentos.⁹ O que era antes dele uma época desprovida de tensões, converteu-se num campo de forças, no qual surgiram as mais variadas correntes representadas por autores subsequentes."¹⁰

A primeira citação poderia ser apresentada como um resumo do que foi realizado em *Infância em Berlim*, e a segunda, como uma avaliação do impacto produzido pela obra do próprio Benjamin.

Diferenças entre Proust e Benjamin também podem ser identificadas numa leitura atenta de "Escavando e Recordando" (Ausgraben und Erinnern), onde encontramos uma observação sobre os esforços envolvidos na construção de textos autobiográficos que é particularmente esclarecedora a respeito do processo de criação de *Infância em Berlim*:

> Quem pretende se aproximar do próprio passado soterrado deve agir como um homem que escava. Antes de tudo, não deve temer voltar sempre ao mesmo fato, espalhá-lo como se espalha a terra, revolvê-lo como se revolve o solo. Pois "fatos" nada são além de camadas que apenas à exploração mais cuidadosa entregam aquilo que recompensa a escavação. Ou seja, as imagens que, desprendidas de todas as conexões mais primitivas, ficam como preciosidades nos sóbrios aposentos de nosso entendimento tardio, igual a torsos na galeria do colecionador.¹¹

---

9 BENJAMIN, W. *Magia e técnica, arte e política: ensaios sobre literatura e história da cultura*. São Paulo: Brasiliense, 1994 (Obras Escolhidas I), p. 38.
10 Idem, p. 40.
11 BENJAMIN, Walter. *Rua de mão única*. São Paulo: Brasiliense, 1995. (Obras escolhidas v. 2), p. 239.

A correspondência entre as imagens dialéticas do historiador materialista e os *torsos da galeria do colecionador* é clara, assim como o procedimento de *quem escava* com o adotado por Benjamin na escrita de *Infância em Berlim*. A rememoração da infância a partir da cidade não deve ser considerada acidental ou circunstancial pelo fato de ter origem na proposta da revista *Literarische Welt*. As correspondências entre o movimento exterior (rever a cidade) e o movimento interior (escavar a memória), na escrita de *Infância em Berlim*, registram cruzamentos entre o individual e o coletivo que também estão presentes no *Passagen-Werk*, em elaboração desde 1927. No processo narrativo a coordenação dos movimentos do olhar, para fora e para dentro, exige atenção e paciência. Trata-se de um trabalho artesanal muito delicado e difícil, pois requer uma prática que deixou de ser familiar para nós com a progressiva dissociação entre o indivíduo e a coletividade, introduzida na época moderna. Benjamin se refere, no ensaio "O Narrador" (*Der Erzähler*/1936), à correspondência do trabalho do artesão com os processos naturais, admitindo que talvez ninguém melhor do que Paul Valéry tenha descrito esse mundo dos artífices que imitavam a paciência da natureza:

> *Iluminuras, marfins profundamente entalhados; pedras duras, perfeitamente polidas e claramente gravadas; lacas e pinturas obtidas pela superposição de uma quantidade de camadas finas e translúcidas... – todas essas produções de uma indústria tenaz e virtuosística cessaram, e já passou o tempo em que o tempo não contava. O Homem de hoje não cultiva o que não pode ser abreviado.*[12]

---

12 VALÉRY, Paul. *Apud* BENJAMIN, W. *Magia e técnica, arte e política: ensaios sobre literatura e história da cultura*. São Paulo: Brasiliense, 1994 (Obras Escolhidas I), p. 206.

Benjamin descreve com muita delicadeza seu fascínio pela imagem em miniatura de uma cidade, e os sentimentos despertados nas visitas ao Kaiserpanorama, numa época em que esse tipo de atração já estava ficando fora de moda, e o local, semivazio, com um aspecto decadente. A atração pelo que está fora de moda, nesse caso, aproxima-o do surrealismo, antes mesmo desse movimento existir formalmente. O encantamento do autor com o fim das sessões no Kaiserpanorama, observando o desaparecimento das imagens, é inverso ao sentimento experimentado por Proust após o mergulho da *madeleine* na xícara de chá. Nesse instante mágico, toda Combray e suas redondezas, cidade e jardins, ganharam forma e concretude. No trecho em que Benjamin rememora o desaparecimento das imagens da cidade é o som da campainha que desencadeia todo o processo. Toda vez que ela tocava:

> ... impregnavam-se profundamente com um toque melancólico de despedida as montanhas até o sopé, as cidades em todas as suas janelas reluzentes, os nativos distantes e pitorescos, as estações ferroviárias com sua fumaça amarela, os vinhedos nas colinas até as folhas mais diminutas.[13]

A magia desse instante, vivido intensamente, deixava sempre a certeza de que "era impossível esgotar todos os esplendores daquela imagem numa única sessão".

Narrativas de simples brincadeiras, como caçar borboletas, por exemplo, ganham tal densidade em *Infância em Berlim* que chegam a sugerir a fonte de uma ideia central na obra filosófica do autor,

---

13   BENJAMIN, Walter. *Rua de mão única*. São Paulo: Brasiliense, 1995. (Obras escolhidas v. 2), p. 76.

tornando-se assim a arqueologia de um saber. Ao revelar os elementos responsáveis pelo seu desvio para lugares ermos do jardim – guiado pelo voo de uma borboleta, que, possivelmente, era comandada pela conjuração do vento e dos perfumes, das folhagens e do sol – Benjamin reafirma a ideia de que a natureza tem sua própria linguagem, tal como foi desenvolvida no texto de 1916 "Sobre a linguagem em geral e sobre a linguagem humana" (*Über sprache überhaupt und über die sprache des menschen*). A luta do caçador e os estragos feitos por ele na natureza, – o capim amassado, as flores pisoteadas – para obter como troféu a borboleta, assustada e trêmula numa dobra da rede, adquiriu um novo sentido na reminiscência do adulto. "O idioma no qual presenciara a comunicação entre a borboleta e as flores – só agora entendia algumas de suas leis".[14] O aprendizado tardio, nesse caso, é inseparável do processo vital e das possibilidades por ele criadas de dar nome às coisas, ou traduzi-las para uma nova língua.

No relato sobre uma viagem de trem ao final das férias escolares, em "Partida e Regresso" (*Abreise und Rückkehr*), também encontramos um sugestivo exemplo de conexão entre o olhar para fora, observando a cidade, e o olhar para dentro, escavando o passado. Embalado pelo movimento do trem, Benjamin reconhece, simultaneamente, a paisagem urbana e a percepção da criança nela guardada:

> *Assim, no trajeto de retorno de Bansin ou de Hahnenklee, os pátios das casas me ofereciam muitos pequenos e tristes refúgios. Mas logo, como que arrependida de tamanha solicitude, a cidade os reabsorvia. Se, por acaso, uma vez ou outra, o trem hesitasse em frente desses pátios, era porque o sinal, pouco antes da chegada,*

---

14 Ibid., p. 81.

nos barrava a passagem. Quanto mais lento seguia o trem, tanto mais depressa se desfazia a esperança de escapar, atrás dos muros de fogo, da casa paterna já próxima.[15]

Na perspectiva benjaminiana, as correspondências entre exterior e interior e o reencontro das coisas com as palavras são possíveis em virtude da origem mimética da linguagem. O fim da transparência entre as coisas e as palavras – a expulsão do paraíso e a queda – não inviabilizou completamente a comunicação do homem com o mundo, como já admitia o texto de 1916 sobre a linguagem. Em virtude dessa possibilidade de comunicação, a tarefa da arte e da filosofia veio a ser definida como a de recuperar a dimensão expressiva da linguagem, obscurecida com a predominância do "valor de troca" da palavra, reduzida à mera transmissora de informações.

A tentativa de garantir a existência de uma linguagem que não visa a troca de informações pura e simples, uma linguagem com o caráter autotélico do jogo e da arte, estabelece uma afinidade entre *Infância em Berlim* e as colagens dadaístas. Percebe-se em ambas a ausência de uma estrutura discursiva preocupada em *representar* a realidade. Os fatos apresentados nos textos são apenas camadas que encobrem as imagens, não sendo significativos por eles mesmos, mas enquanto indicadores do lugar onde existe uma conexão entre a cidade e a infância. Nesse caso, uma leitura excessivamente intimista e psicológica das imagens não é recomendada, pois separa as excursões às profundezas da memória da *leitura* da cidade.

A concepção da cidade e do mundo como escrita aparece, segundo Benjamin, pela primeira vez com autores barrocos,

---

15 Ibid., p. 83.

especialmente Jakob Böhme, Klaj e Harsdörffer. Este tema foi estudado cuidadosamente por Seligmann-Silva, que localiza num trecho de *Rua de mão única* (*Einbahnstrasse*) uma comparação da leitura da cidade com a leitura de um livro que é esclarecedora, não apenas para a compreensão da concepção do mundo como escrita, mas também para a compreensão das dificuldades de leitura em geral. Uma reflexão sobre esse tema incorporando as contribuições de Benjamin pode inspirar respostas para as tão frequentes perguntas e reclamações dos professores sobre o pouco interesse dos jovens pelos livros:

> A escrita, que no livro impresso havia encontrado um asilo onde levava sua existência autônoma, é inexoravelmente arrastada para as ruas pelos reclames e submetida às brutais heteronomias do caos econômico. Essa é a rigorosa escola de sua forma. Se há séculos ela havia gradualmente começado a deitar-se, da inscrição ereta tornou-se manuscrito repousando oblíquo sobre escrivaninhas, para afinal acamar-se na impressão, ela começa agora, com a mesma lentidão, a erguer-se novamente do chão. Já o jornal é lido mais a prumo que na horizontal, filme e reclames forçam a escrita a submeter-se de todo à ditatorial verticalidade. E, antes que um contemporâneo chegue a abrir um livro, caiu sobre seus olhos um tão denso turbilhão de letras cambiantes, coloridas, conflitantes, que as chances de sua penetração na arcaica quietude do livro se tornaram mínimas.[16]

É importante observar que a cidade se torna um livro não só por causa da forma de Benjamin se relacionar com ela, mas também pela profusão de letras, letreiros, placas e anúncios

---

16 Ibid., p. 28.

existentes nela. A tese polêmica de Alfred Döblin – O livro é a morte das linguagens autênticas – que Benjamin comenta em "A Crise do Romance" (Krisis des Romans/1930), remete diretamente para a discussão sobre a produção textual em nossa época, e as implicações da paisagem urbana com esta questão. Além de destacar a contribuição magistral e a coerência de Döblin – "em sua produção a teoria e a prática coincidem" – Benjamin considerava seu estilo o extremo oposto do ideal de interioridade pura, que veio a ser a marca da literatura de André Gide e Joyce. Ao atribuir à técnica de montagem a responsabilidade pelo estilo de Döblin em Berlin Alexanderplatz, Benjamin mostra-se completamente identificado com a linguagem desse romance. Essa identificação aparece nos comentários:

> Tão densa é essa montagem que o autor, esmagado por ela, mal consegue tomar a palavra. (...) O livro é um monumento a Berlim, porque o narrador não se preocupou em cortejar a cidade, com o sentimentalismo de quem celebra a terra natal. Ele fala a partir da cidade. Berlim é seu megafone.[17]

O que é, em Berlim, a Alexanderplatz? Respondendo à pergunta, Benjamin (1994, p.55) diz: além de praça inspiradora da obra épica de Döblin, é o lugar onde as vísceras da cidade foram escancaradas, mais do que em qualquer outro lugar, no período entre 1928 e 1930. Transformações violentas que fizeram tremer o solo serviram como passarela por onde desfilaram todos os personagens, dos banqueiros às prostitutas, do grande drama que levou a Alemanha à barbárie. O caráter político desse romance

---

17 BENJAMIN, W. Magia e técnica, arte e política: ensaios sobre literatura e história da cultura. São Paulo: Brasiliense, 1994 (Obras Escolhidas I), p. 55.

se revela quando o leitor consegue perceber que a trajetória do personagem central, de proxeneta a pequeno burguês, descreve apenas uma metamorfose heróica da consciência burguesa. Seu potencial educativo e pedagógico pressupõe a compreensão de que é na linguagem oral, matriz da antiga epopeia, que o livro busca a sua força linguística. Esse comentário de Benjamim, apreendido em toda a sua complexidade, pode ser o ponto de partida para um trabalho de construção de texto verdadeiramente liberador e criativo em todos os níveis, e para uma valorização da oralidade na cultura escolar.

Infância em Berlim contém vários relatos de experiências escolares significativas e comoventes. A carga de afetividade que se desprende do nome e da assinatura de uma antiga professora, a senhorita Helena Pufahl, que Benjamin lembra ao ler uma mensagem sua no reverso de um cartão postal de sua coleção, revela de maneira exemplar como os processos cognitivos na infância podem ser facilitados ou não por questões emocionais.

> *Entre os postais de minha coleção, havia alguns cujo texto escrito no reverso se fixou mais nitidamente à minha memória que a própria imagem. Traziam uma assinatura bela e legível: Helena Pufahl. Era minha professora. O P com que começava era o de pontualidade, de primor, de pundonor; o F indicava fidelidade, fervor, fortaleza, e quanto ao L final, parecia ser o de leveza, de louvor, de lirismo. Portanto, se aquela assinatura consistisse apenas de consoantes, como numa língua semita, teria sido não só a sede da perfeição caligráfica, mas também a fonte de todas as virtudes.*[18]

---

18 BENJAMIN, Walter. *Rua de mão única*. São Paulo: Brasiliense, 1995. (Obras escolhidas v. 2), p. 92.

A imagem da professora que ficou preservada em sua própria assinatura, no verso do cartão-postal, é evocada sem retoques. Neste trecho a memória parece ter conservado integralmente a emoção da criança. Benjamin entra em contato com o seu passado observando a caligrafia, sobretudo das consoantes de um nome envolto ainda numa atmosfera de encantamento. As palavras que as consoantes P, F, L, sugerem são mais que adjetivos, podemos lê-las como um documento, onde estão impressas as marcas de uma experiência vivida com muita intensidade. O tom confidencial do texto nos remete não só ao autor, mas também a uma época.

Comparando os livros didáticos aos livros de literatura da biblioteca do colégio, Benjamin não perde o estilo, elegante e poético, quando critica a fragmentação do pensamento no trabalho pedagógico, a artificialidade do ambiente escolar, sua rigidez e falta de vitalidade:

> Era no intervalo da aula que a coisa era feita: juntavam-se os livros que, em seguida, eram de novo repartidos entre os pretendentes. Nem sempre conseguia ser bastante ágil. Muitas vezes vi livros por mim almejados caírem nas mãos de quem não saberia apreciá-los. Quanta diferença entre seu mundo e os dos compêndios escolares, onde, em histórias isoladas, tinha de me aquartelar durante dias e mesmo semanas em quartéis que, no portão de entrada, ainda antes da inscrição, exibiam um número. Pior eram as casamatas dos poemas pátrios, onde cada verso equivalia a uma cela. Quão suave e mediterrâneo era o ar tépido que soprava daqueles livros distribuídos no intervalo.[19]

---

19 Ibid., p. 114.

Acompanhando o percurso da memória em *Infância em Berlim*, observamos que muitos lugares e situações podem despertar a memória dos leitores: a casa sombria de uma tia, o mercado da praça Magdeburgo com seus alambrados e piso de ladrilhos inesquecíveis, o carrossel onde a sabedoria infantil descobre o eterno retorno das coisas, o pavilhão abandonado de um jardim com suas tentações e perigos. Momentos de alegria, de expectativa e de prazer são narrados com requintes literários, como no trecho onde Benjamin (1995, p. 88) revela o erotismo existente na mão infantil que penetra a porta entreaberta do armário da despensa para raptar guloseimas. Percebemos neste e em outros textos quão impregnado de significações está o modo como comemos, sentamos ou nos vestimos.

A força poética de algumas imagens, como as que encontramos em "A Escrivaninha" (Das Pult), ativam a imaginação do leitor transportando-o para o mundo dos contos de fadas. Quando revela sua paixão pela decalcomania durante certo período da infância, Benjamin nos leva até esse mundo, especialmente no trecho onde se refere às singelas figurinhas que eram transferidas para os seus cadernos:

> *Frequentemente, ao voltar da escola, a primeira coisa que eu fazia era festejar meu reencontro com a escrivaninha, ao mesmo tempo em que já a transformava no palco de uma de minhas ocupações prediletas – a decalcomania, por exemplo. Num instante, no lugar antes tomado pelo tinteiro, surgia uma xícara de água morna, e eu começava a recortar as figuras. Quanto me prometia o véu atrás do qual me fitavam das folhas dobradas dos cadernos! O sapateiro inclinado sobre as encóspias e as crianças sentadas nos galhos das árvores colhendo maçãs, o leiteiro diante da porta com a soleira coberta de neve, o tigre que se dobra pra saltar sobre o caçador,*

cuja espingarda acaba de detonar, o pescador na relva diante de um riacho azul e a classe atenta ao professor que ensina algo no quadro-negro, o farmacêutico à entrada de sua loja bem sortida e cheia de cores, o farol com o veleiro em frente – tudo isso era encoberto por um sopro de névoa.[20]

Todas essas lembranças, ao serem recuperadas, liberam sentimentos que podem ser compartilhados, demonstrando assim que a vida interior não tem, por natureza, um caráter estritamente privado. Ela assumiu esse caráter na cultura burguesa moderna, daí o empobrecimento da experiência humana. Contagiados pelos sentimentos e lembranças de *Infância em Berlim*, os educadores podem se tornar mais sensíveis às fantasias das crianças, atentos ao brincar e ao pensamento criativo.

---

20 Ibid., p. 119.

2 REPRESENTAÇÕES DA MULHER NA TRADIÇÃO FILOSÓFICA: RAZÃO E PRECONCEITO

Tudo se passa como se uma má fatalidade tornasse os homens loucos.

Simone Weil[21]

A tese da irracionalidade das mulheres, e de sua inaptidão para o trabalho intelectual e o conhecimento filosófico-científico, construída pelos gregos na Antiguidade, manteve-se praticamente inabalável até o século XX, ainda que tenha passado por inúmeras reformulações e ajustes. A identidade entre razão e masculinidade em Platão e Aristóteles, e as teorias a respeito da natureza passional e inferior da mulher, fundamentam o *modus philosophandi* da tradição Ocidental. A redução da atividade feminina ao *oikos*[22] e à esfera da vida privada foi justificada por Aristóteles em virtude da própria diferença corporal/biológica da mulher em relação ao homem. "A fêmea é um macho mutilado". O caráter machista deste tipo de discurso enfatiza as oposições dualistas racional/irracional, ativo/passivo, alma/corpo, forma/matéria, ligando sempre o homem ao primeiro termo desses pares.

---

21 WEIL, Simone. *Opressão e liberdade*. Bauru,SP: EDUSC, 2001, p. 258.
22 Oîkos, casa, propriedade da família incluindo, bens imóveis, animais, escravos, objetos e instrumentos de trabalho.

Para Aristóteles o papel social da mulher se limitava à reprodução da espécie, visto que sem ela esta não poderia acontecer. Mas até nessa função a mulher é menos importante, pois é considerada pelo filósofo como simples receptadora do princípio ativo, o sêmen masculino. Esse papel passivo da mulher na reprodução foi admitido até o final da Idade Média. São Tomaz de Aquino – século XIII – considerava que Deus havia atribuído à mulher um papel menor na procriação porque sendo inferior ao homem, ela não poderia ser responsável pela forma, mas apenas fornecer a matéria. Em sua sabedoria, Deus teria deixado a função da gestação com a mulher para que os homens tivessem mais condições de desenvolver sua racionalidade e ampliar seu conhecimento sobre o mundo.

Aristóteles admite que existe uma desigualdade intelectual entre o homem livre, o escravo, a mulher e a criança. A explicação para essas diferenças pode ser encontrada na própria natureza desses seres através de uma comparação entre eles. A função social do homem, do escravo, e da mulher está, segundo o filósofo, relacionada aos graus distintos de autonomia e de capacidade para decidir e comandar. No capítulo V do Livro I *Política* Aristóteles afirma:

> ... há por natureza várias classes de comandantes e de comandados, pois de maneiras diferentes o homem livre comanda o escravo, o macho comanda a fêmea e o homem comanda a criança. Todos possuem as várias partes da alma, mas possuem-nas diferentemente, pois o escravo não possui de forma alguma a faculdade de deliberar, enquanto a mulher a possui, mas sem autoridade plena, e a criança a tem, posto que ainda em formação. Deve-se necessariamente supor, então, que o mesmo ocorre quanto às qualidades morais: todos devem partilhá-las, mas não

29

*de maneira idêntica, e na proporção conveniente a cada um em relação às suas próprias funções.*²³

Destoando das matrizes gregas, sobretudo Platão, e da maioria dos filósofos medievais e modernos, Michel de Montaigne se refere à relação entre o pensamento e o corpo, e ao contato com as mulheres, de maneira completamente diferente. "A filosofia não se opõe aos prazeres naturais, conquanto não se abuse deles. Recomenda a moderação e não a fuga."²⁴ (*Ensaios* Livro III, capítulo V). A respeito das mulheres há revelações íntimas nos *Ensaios* (Livro III, capítulo III) que não reproduzem os discursos misóginos da tradição filosófica:

> *Nunca me afeiçoei às mulheres que se pagam, não somente porque as desprezava como também por medo dos riscos que corre à saúde (o que não me impediu de ser duas vezes atingido, embora sem maiores consequências). Quis valorizar esse prazer pelo desejo, a dificuldade e também a satisfação da vaidade. (...) Por outro lado, preocupava-me muito com o espírito, conquanto o físico não deixasse por demais a desejar, mas, para ser franco, se algo devesse faltar teria preferido que fosse o espírito. Este tem seu lugar alhures. No amor, em que a vista e o tato predominam, ainda se consegue alguma coisa sem o espírito e nada sem os encantos físicos. A beleza, eis a verdadeira arma das mulheres, sua grande vantagem; lhes é em verdade tão peculiar, que a do homem, embora a desejemos algo diferente, só se realça quando, pueril e imberbe, se confunde com a delas. (...) A inteligência, o bom senso,*

---

23 ARISTÓTELES. *Política*. Brasília: Editora da Universidade de Brasília, 1997, p. 32. (grifo da autora).
24 MONTAIGNE, Michel de. *Ensaios*. São Paulo: Abril Cultural, 1980, p. 406.

a amizade são qualidades mais comuns aos homens; por isso eles governam o mundo.²⁵

A compreensão da matéria e da natureza como um princípio feminino, sobre o qual o homem deve exercer a sua dominação, se afirmou na época moderna. Nas teorias organicistas do Renascimento a natureza é representada na metáfora da "terra mãe", doadora do alimento e da vida. Compreendida como organismo vivo, ela aparece dotada de força, impulsos e poderes que devem ser respeitados, a violação dos segredos da natureza e sua exploração pelo homem certamente teria, segundo os cientistas e filósofos do Renascimento, consequências funestas. A partir do século XVII, com a afirmação do sujeito epistêmico e da Razão, surge a metáfora da natureza e do corpo humano como máquina, daí a obsessão com novos métodos, dedutivos ou indutivos, capazes de produzir conhecimentos que permitam a dominação da natureza. Na sexta parte do *Discurso do Método* Descartes afirma:

> ... tão logo adquiri algumas noções gerais relativas à física e, começando a testá-las em diversas dificuldades particulares, notei até onde podem conduzir e o quanto diferem dos princípios utilizados até o presente, acreditei que não podia mantê-las ocultas, sem pecar grandemente contra a lei que nos obriga a procurar, quanto dependa de nós, o bem geral de todos os homens. Pois elas me fizeram ver que é possível chegar a conhecimentos muito úteis à vida, e que, em vez da filosofia especulativa ensinada nas escolas, pode-se encontrar outra, prática, pela qual, conhecendo a força e as ações do fogo, da água, do ar, dos astros, dos céus e de todos os outros corpos que nos cercam, tão distintamente quanto

---

25 Ibid., p. 377.

conhecemos os diversos ofícios de nossos artesãos, poderíamos empregá-la do mesmo modo em todos os usos a que se aplicam tais ofícios, e assim nos tornarmos como que mestres e possuidores da natureza.[26]

A visão mecanicista do mundo natural se expandiu para o mundo humano na teoria política de Thomas Hobbes, que na Introdução do *Leviatã* compara o Estado à criação de um animal artificial feita pelos homens. O modelo para essa produção foi o próprio homem, sua obra seria uma imitação do poder de criador de Deus.

> Do mesmo modo que tantas outras coisas, a natureza (a arte mediante a qual Deus fez e governa o mundo) é imitada pela arte dos homens também nisto: que lhe é possível fazer um animal artificial. (...) Porque pela arte é criado aquele grande Leviatã a que se chama Estado, ou Cidade (em latim Civitas), que não é senão um homem artificial, embora de maior estatura e força do que o homem natural, para cuja proteção e defesa foi projetado. E no qual a soberania é uma alma artificial, pois dá vida e movimento ao corpo inteiro; os magistrados e outros funcionários judiciais ou executivos, juntas artificiais; a recompensa e o castigo (pelos quais, ligados ao trono da soberania, todas as juntas e membros são levados a cumprir seu dever) são os nervos, que fazem o mesmo no corpo natural; a riqueza e prosperidade de todos os membros individuais são a força; Salus Populi (a segurança do povo) é seu objetivo; os conselheiros, através dos quais todas as coisas que necessita saber lhe são sugeridas, são a memória; a justiça e as leis, uma razão e uma vontade artificiais; a concórdia é a saúde; a sedição é a doença; e a guerra civil é a morte. Por último, os pactos e convenções mediante os quais as partes deste Corpo Político foram

---

26 DESCARTES, René. *Discurso do método*. Porto Alegre: L&PM, 2006, p. 101.

criadas, reunidas e unificadas assemelham-se àquele Fiat, ao "Façamos o homem", proferido por Deus na criação.[27]

A tradição Cristã transformou a mulher em bode expiatório para todas as mazelas do mundo, foi por causa da lascívia e sedução de Eva, instigadora da desobediência de Adão, que a humanidade foi expulsa do paraíso. Na Idade Média e no início da época moderna, as mulheres que manifestavam alguma aptidão capaz de ameaçar o domínio masculino no âmbito do conhecimento corriam o risco de serem acusadas de bruxaria e feitiçaria. Muitas foram queimadas em praça pública para servirem de exemplo. Destacando um acontecimento que reforça essa perseguição, Ferreira comenta que a invenção do fórceps[28] no século XVII teve como desdobramento o afastamento gradativo das parteiras; a partir daí tem início o controle masculino dos processos de nascimento.

Analisando a relação entre racionalidade científica moderna e machismo, Hilton Japiassu observou que a maioria dos filósofos e cientistas do século XVII reproduz a tese dos antigos da inferioridade "natural" da mulher, ressaltando sua falta de vigor mental para penetrar na essência das grandes questões. Segundo Japiassu, se poderia condensar o pensamento dos cientistas e filósofos modernos sobre a mulher na seguinte afirmação: "As mulheres são instáveis, volúveis, levianas, emotivas, intuitivas e deixam-se levar pelas emoções; os homens, ao contrário, pensam serenamente, de modo eficaz, profundo, racional, objetivo e dominam suas emoções".[29]

---

27 HOBBES, Thomas. *Leviatã ou Matéria, forma e poder de um estado eclesiástico civil*. São Paulo: Abril Cultural, 1979, p. 5. (Coleção *Os Pensadores*). (grifos no original)
28 RIBEIRO, Maria Luisa Ferreira. *As mulheres na filosofia*. Lisboa: Edições Colibri, 2009, p. 82.
29 JAPIASSU, Hilton. "O projeto masculino-machista da ciência moderna"

Muitos filósofos são críticos em relação às questões políticas, epistemológicas e morais, mas não a ponto de questionar seus preconceitos em relação à mulher, como é o caso de Espinosa, por exemplo. Apesar de defender princípios democráticos em seu *Tratado Político*, numa época em que predomina a intolerância religiosa e o autoritarismo absolutista, Espinosa considerava legítima a exclusão das mulheres das instâncias de poder e decisão da política, pois esta não poderia incluir pessoas sem autonomia, que vivem sob a dependência de terceiros. A naturalização da desigualdade e da dependência não permitia sua problematização, e a formulação de uma pergunta até certo ponto um tanto obvia: em que medida a falta de autonomia das mulheres não estaria relacionada à sua infantilização e à repressão imposta a elas pelos homens? Espinosa não rompe com o senso comum existente na filosofia a respeito da condição da mulher, porque não coloca em xeque a crença em sua fraqueza natural e invoca dados empíricos cuja existência se acha comprometida com o enraizamento desta crença, como se pode ver no trecho a seguir:

> *Talvez haja quem pergunte se é por natureza ou por instituição que as mulheres devem estar sob o poder dos homens. Com efeito, se for só por instituição que tal acontece, então nenhuma razão nos obriga a excluir as mulheres do governo. Porém, se consultarmos a própria experiência, veremos que isso deriva de sua fraqueza.*
>
> *Em parte nenhuma aconteceu, com efeito, os homens e mulheres governarem juntos, mas em qualquer parte da terra onde se*

em: SOARES, Luis Carlos (Org.) *Da Revolução Científica à Big (Business) Science: cinco ensaios de história da ciência e da tecnologia.* São Paulo: Hucitec; Niterói: Ed. UFF, 2001, p. 94.

encontram homens e mulheres, vemos os homens reinarem e as mulheres serem governadas, vivendo assim ambos os sexos em concórdia. (...) é totalmente lícito afirmar que as mulheres, por natureza, não têm o mesmo direito que os homens e estão-lhes necessariamente submetidas, de tal modo que não é possível acontecer que ambos os sexos governem de igual modo e, muito menos, que os homens sejam governados pelas mulheres.[30]

A tese da inferioridade intelectual e moral da mulher se manifesta de maneira ainda mais contraditória a partir do século XVII, quando *teoricamente* a razão passa a ser reconhecida como igualmente distribuído em toda a espécie humana. Apesar da crítica radical que dirige à cultura e à sociedade, a ponto de colocar sob suspeita o direito natural a propriedade privada, base fundamental da sociedade burguesa, Rousseau não chegou a questionar a tese da inferioridade *natural* da mulher. Seus ideais igualitários não chegaram a tanto. No capítulo V do *Emílio*, Rousseau indica como condição essencial para que as relações entre o homem e a mulher sejam bem sucedidas que ambos obedeçam à sua natureza, ou seja, que o primeiro seja ativo e forte e o segundo passivo e fraco. A "mulher foi feita especialmente para agradar ao homem", ela não tem razão quando se queixa da desigualdade que o homem impõe na relação "pois tal desigualdade não é uma instituição fruto do preconceito, mas uma exigência da razão".[31] Para reforçar a necessidade de submissão da mulher em relação ao homem, apesar de reconhecer as inúmeras imperfeições do homem, Rousseau não apresenta

---

30 ESPINOSA, Baruch. *Tratado Político*. Tradução de Diogo Pires Aurélio, Lisboa: Círculo dos Leitores, pp. 209 e 210.
31 ROUSSEAU, Jean-Jacques. *Da educação*. Rio de Janeiro Bertrand Brasil, 1992, pp. 424 e 428.

nenhum argumento consistente, ele apenas reproduz de uma nova maneira a tese da desigualdade e inferioridade natural da mulher, e até faz uma ameaça velada às mulheres que pensam em se rebelar contra o domínio masculino, dizendo que qualquer tentativa nesse sentido poderá piorar ainda mais a situação. O trecho a seguir é revelador a esse respeito:

> A primeira e a mais importante qualidade de uma mulher é a doçura: feita para obedecer a um ser tão imperfeito quanto o homem, amiúde cheio de vícios, e sempre cheio de defeitos, ela deve aprender desde cedo a sofrer até injustiças e a suportar os erros do marido sem se queixar; não é por ele, é por ela mesma que deve ser doce. O azedume e a obstinação não fazem senão aumentar seus males e os maus procedimentos dos maridos; estes sentem que não é com tais armas que elas devem vencer.[32]

Seria o caso de perguntar que armas são essas e em que medida considerações desse tipo comprometem o conjunto de uma obra filosófica preocupada com o problema da emancipação humana. Mas, perguntas desse tipo são muitas vezes consideradas inadequadas sob alegação de que a questão da mulher nunca foi um tema importante para os filósofos ou que se trata de um anacronismo, uma exigência crítica que desconsidera o tempo histórico e o horizonte da época em que o filósofo escreveu. Ora, trata-se exatamente de observar e apontar as limitações e o caráter altamente seletivo da criticidade dos filósofos.

O contexto não pode ser invocado como justificativa para as posições machistas dos filósofos porque encontramos em pensadores pouco prestigiados pelos filósofos críticos em

---

32 Ibid., p. 440.

relação à discriminação da mulher, como é caso, por exemplo de Comenius (1592-1670), autor do primeiro grande projeto universal de educação da época moderna. Sua ousada tentativa de pensar novos princípios para a sociedade e a escola tem um alcance que coloca em questão o contexto e os valores de sua época, como observou Narodowski:

> A fecundidade da reflexão comeniana não se encontra nem nas indicações efetuadas pelo teólogo boêmio acerca de temas específicos nem tampouco na solução concreta que ele dá a algumas questões didáticas, mas, sim na visão mais geral sobre o que acontece com a educação moderna. Sua visão é fundante e fonte de futuras preocupações teóricas vitais para a nossa interpretação do vir a ser da pedagogia atual. A pedagogia comeniana implanta uma série de dispositivos discursivos sem os quais é praticamente impossível compreender a maior parte das posições pedagógicas atuais. É nesse sentido que Comenius constitui-se numa referência inicial, uma vez que ele dispõe de elementos sem os quais a Pedagogia moderna seria irreconhecível em suas principais facções e matizes presentes.[33]

Tomando como referência a obra que exerceu uma influência mais profunda e duradoura na pedagogia moderna, a *Didática Magna*, podemos identificar as ideias que deram a ela uma criticidade radical, e um caráter inovador, que não encontramos nos pensadores mais respeitados da tradição filosófica: a exigência de universalidade da educação, a pretensão de *ensinar tudo a todos*, e a ideia de uma escola única para homens e mulheres, ricos e pobres. Essa visão geral estava assentada nas seguintes teses fundamentais:

---

33 NARODOWSKI, Mariano. *Comenius e a Educação*. Belo Horizonte: Autêntica, 2004, p. 16.

- A humanidade dos indivíduos é *construída* pela educação;
- Existe uma unidade subjacente a toda experiência humana;
- O homem e a mulher, seja qual for a condição de ambos é educável;
- O homem e a mulher *se tornam* racionais quando são educados;
- O ideal da Pansofia é a democratização do patrimônio cultural da humanidade.

Enquanto Descartes admitia o inatismo da razão como a base da igualdade entre os homens, Comenius estava mais inclinado a acreditar que a razão era *construída* socialmente. A educabilidade é necessária a todas as pessoas para que elas se tornem *humanas*, por isso a universalidade da educação e da escolarização se apresenta como algo indispensável. Argumentando a favor do princípio da universalidade, no capítulo VI da *Didática Magna*, Comenius revela sua identificação com Platão citando seguinte trecho das *Leis* (livro VI):

> O homem é um animal bastante manso e divino se amansado por uma verdadeira disciplina; se não receber disciplina alguma ou se receber uma disciplina falsa, será o mais feroz dos animais que a terra pode produzir.[34]

Apesar de a frase permitir interpretações que aproximam o autor tanto de Rousseau como de Hobbes, essa afirmação não reforça a tese de nenhum dos dois filósofos sobre a *natureza* ou *essência* do homem. O que Comenius pretende é afirmar a

---

34 PLATÃO, *Apud* COMENIUS, Jan Amós. *Didática Magna*. São Paulo: Martins Fontes, 2002, p. 75.

plasticidade humana e seu potencial *divino*, que compete à educação desenvolver. A necessidade de um método *racional* para educar a Humanidade, sem excluir ninguém, e de uma disciplina escolar capaz de *humanizar* a todos, é considerada vital para a sociedade. Para Comenius os grandes males da educação de sua época eram: a verborragia e a falsa erudição, a ausência de uma relação adequada entre experiência e linguagem, ausência de métodos racionais, construção de um saber fragmentário, atitudes violentas dos professores e utilização de procedimentos que não estimulam a vontade de aprender, a inexistência de um currículo unificado e a falta de profissionalização do trabalho do professor.

A repercussão das ideias de Rousseau em Kant se manifesta na formulação do imperativo categórico, na definição do lugar social da mulher e dos princípios que devem orientar sua educação. O conceito fundamental da filosofia moral de Kant, o de autonomia da vontade, é o elemento impeditivo para que a mulher possa ser considerada como sujeito moral. Uma das características que distingue o "belo sexo" seria a predominância da dimensão sensível sobre a dimensão intelectual, e essa desigualdade compromete o agir moral autônomo e responsável.

Essa particularidade exclui as mulheres da universalidade pretendida por Kant, no plano cognitivo e moral, na *Crítica da razão pura* e na *Crítica da razão prática*. A contradição advinda de uma universalidade excludente não é problematizada nas duas Críticas e nem na *Metafísica dos costumes*. O problema da minoridade congênita da mulher, e de sua impossibilidade *natural* de agir como sujeito moral foi admitida, e nunca revista, numa obra do período pré-crítico, *Observações sobre o sentimento do belo e do sublime* (1764), na qual Kant afirma que "no lugar de princípios, a Providência colocou nos corações femininos sentimentos de bondade e de benevolência, um sentido sutil de decência e uma alma agradável".[35] Há uma passagem muito citada desta obra de Kant na qual ele ridiculariza as mulheres que, contrariando sua natureza, pretendem se dedicar ao estudo das ciências. Tais mulheres deveriam "usar uma barba, pois assim conseguiriam expressar melhor a profundidade que buscam".[36] Contestando os que tentam justificar ou explicar o discurso sexista de Kant em função da época, podemos contrapor o discurso de Condorcet exposto em seu projeto para a instrução pública apresentado à Assembleia Nacional francesa, em abril de 1792, durante o exercício de seu mandato como deputado. A proposta em questão mostra que no século XVIII já se debatia e também se propunha uma educação igual para homens e mulheres com base no pressuposto da igualdade intelectual entre os dois sexos. Na formulação que citamos a seguir, que não era uma utopia, há uma referência específica à necessidade de envolvimento das mulheres com atividades científicas que indicam um certo descompasso de Kant com o seu tempo, talvez provocado pelo ambiente provinciano em que ele vivia. Sem a construção de um sistema educacional único, a concretização dos ideais de liberdade, igualdade e fraternidade estaria comprometida. Tratava-se, portanto, de garantir os princípios iluministas postulados teoricamente, daí a afirmação de Condorcet:

> A instrução deve ser a mesma para as mulheres e os homens. (...) As mulheres não devem ser excluídas da instrução que é relativa às ciências, porque elas podem tornar-se úteis aos seus progressos, seja fazendo observações, seja compondo livros elementares.[37]

---

35 KANT, I. *Observations sur le Sentiment du Beau et du Sublime*. Paris: Flamarion, 1990, p. 127.
36 Ibid., p. 123.
37 CONDORCET, J-A. N. *Cinco memórias sobre a instrução pública*. São

Argumentando a favor dessa proposta, Condorcet recorre a antecedentes históricos que confirmam a aptidão das mulheres para as ciências, como é o caso das mulheres que ocuparam cátedras de ensino de ciências em Universidades importantes da Itália, "cumprindo com glória suas funções".[38] Além de desconstruir a naturalização da inferioridade intelectual e moral da mulher através de exemplos históricos e de fundamentos teóricos, Condorcet reforça a exigência de igualdade com base na tese de que a desigualdade de instrução entre o marido e a mulher é a principal causa da infelicidade conjugal e dos conflitos em família. Mas, existe também uma razão social e política para que seja garantido o mesmo ensino para os dois sexos:

> Uma constituição que estabelece a igualdade política nunca será durável nem pacífica se a misturamos com instituições (referência à escola francesa da época) que mantêm os preconceitos favoráveis à desigualdade. (...) Seria perigoso conservar o espírito de desigualdade nas mulheres, porque isso impediria de destruir esse espírito nos homens.[39]

Com base nessa observação, podemos dizer que em Kant o conceito de *esclarecimento* é uma construção *teórica* bastante contraditória, já que sua universalização exclui as mulheres (metade da humanidade). Em Condorcet o esclarecimento é uma construção teórica que está vinculada a uma ação histórica e política. Mas, há outras reflexões e publicações anteriores e contemporâneas às de Condorcet que também contestam de forma veemente as posições de Rousseau e de Kant sobre a educação das

---
Paulo: Editora da UNESP, 2008. p. 57.
38 Ibid., p. 61.
39 Ibid., p. 63.

mulheres e seu lugar na sociedade. Merecem especial destaque os escritos de Mary Wollstonecraft (1759-1797) *Thoughts on the Education of Daughters* (Reflexões sobre a educação de filhas – 1786), e *A Vindcation of Rights of Woman with Strictures on Moral and Political Subjects* (Uma defesa dos direitos da Mulher com criticas à submissão moral e política – 1792).

Numa época em que as mulheres solteiras tinham pouquíssimos direitos reconhecidos legalmente, e as casadas perdiam sua identidade legal, o que as impedia de assinar contratos, votar e tomar decisões importantes sobre seus filhos, Mary Wollstonecraft provocou muita polêmica ao afirmar que as mulheres deviam receber uma educação tão aprimorada quanto a dos homens, ter direito a abrir negócios, seguir carreiras profissionais e votar. Ela própria tomou iniciativas pouco comuns para uma mulher no século XVIII; construiu uma carreira como intelectual, escrevendo sobre educação, acontecimentos históricos e política, e em 1784 abriu uma escola, numa região perto da cidade de Newington Green, que teve uma boa aceitação no início, mas depois faliu.

Por causa da experiência com essa escola, Wollstonecraft conheceu alguns religiosos dissidentes que questionavam a Igreja Anglicana, na época financiada pelo Estado. Entre esses dissidentes estava Richard Price, pastor e estudioso de filosofia, que mantinha contato com Thomas Jefferson, Benjamin Franklin, e o marquês de Condorcet. Wollstonecraft também conheceu o professor John Wewlett, que a encorajou a escrever um trabalho apresentando suas ideias sobre educação e enviá-lo a Joseph Johnson, um editor reconhecido como um homem de visão, dono de uma livraria, que lançara autores como William Blake e o poeta William Wordsworth. Em 1786 Johnson publicou o primeiro livro de Woolstonecraft, *Thoughts on the Education of Daughters* (Reflexões sobre a educação de filhas). As vendas foram pequenas, mas a obra teve repercussão no círculo de intelectuais próximos a Johnson, especialmnte William Blake, Henry Fuseli (um pintor suíço), o anarquista William Godwin (com quem ela veio a se casar mais tarde) e Thomas Paine, o inglês que estimulou e inspirou a revolução americana com seu livro *Common Sense* (Bom senso).

Alguns meses após o estouro da Revolucão Francesa, Richard Price defendeu publicamente, numa palestra em Londres, o direito do povo francês de se rebelar contra a aristocracia e sugeriu que o povo inglês também deveria conquistar o direito de escolher seus dirigentes. Esse ataque à monarquia levou Edmund Burke, um parlamentar conhecido por ter defendido a Revolução Americana, a escrever *Reflections on the Revolution in France* (1790) (Reflexões sobre a revolução na França), nesse livro ele defende com veemencia a monarquia e a aristocracia inglesas. As ideias de Burke e suas críticas a Richard Price deixaram Wollstonecraft indignada. Retomando ideias de John Locke e Price, ela escreve *A Vindication of the Rights of Men* (Uma defesa dos direitos dos homens), uma das primeiras das quase trinta réplicas a Burke. O artigo de Wollstonecraft (assim como todas as outras respostas a Burke) ficou em segundo plano depois da publicação da poderosa réplica de Thomas Paine *The Rights of Man* (Os direitos do homem), mas consolidou a reputação da autora.

Wollstonecraft presumira inicialmente que quando os revolucionários falavam em "homem" eles estavam se referindo a toda a humanidade, ao perceber que apesar de toda a conversa sobre direitos iguais, a maior parte não reconhecia nem tinha a intenção de reconhecer as mulheres como iguais, ela começa a elaborar seu livro mais importante, *A Vindication of the Rights of Woman* (Uma defesa dos direitos da mulher). Nele há uma crítica contundente às concepções educacionais de Rousseau, e sua pretensão de manter as mulheres submissas e subdesenvolvidas intelectualmente. Wollstonecraft insiste em seu livro que as mulheres deveriam estudar ciências abstratas, geometria, matemática, ciências naturais, botânica, e também filosofia. A primeira edição de *A Vindication* se esgotou no primeiro ano, e Johnson lançou logo uma segunda. Em seguida vieram, além da edição americana, traduções para o francês e o alemão. No Brasil o livro foi traduzido no século XIX por Nísia Floresta.[40] Sensibilizada com o processo revolucionário francês, Wollstronecraft vai viver um período em Paris para conhecê-lo mais de perto. Identifica-se com os liberais girondinos que, assim como o marquês de Condorcet, defendiam os direitos das mulheres. Escreve *A Historical and Moral View on the French Revolution and the Effeect it has Produced in Europe*. (Uma perspective histórica e moral da Revolução francesa e o efeito que produziu na Europa), nessa época, Wollstronecraft se apaixona por Gilbert Imlay, e desse relacionamento nasce sua filha Fanny. Imlay abandona as duas, e Wollstonecraft, desiludida, tenta o suicídio duas vezes. Tentando se recuperar desse golpe vai passar uma temporada com a filha Fanny na Escandinávia,

---

40 Nísia Floresta é o pseudônimo de Dionísia Gonçalves Pinto (1810-1885, Papari RN), educadora, escritora e poetisa, que além de abolicionista foi uma das primeiras brasileiras a defender os direitos da mulher e dos índios. O conjunto de sua obra inclui inúmeros artigos de jornal, e 15 títulos publicados em português, francês, inglês e italiano. A autora considerava seu livro *Direitos da mulher e injustiça do homem*, uma tradução livre de *A Vindication of the Rights of Woman*. Em 1849 Nísia foi viver na Europa com os dois filhos. No período em que morou na Itália frequentou os cursos de Botânica ministrados por Parlatore em Florença. Na França, onde viveu muitos anos, se relacionou com intelectuais como Alexandre Herculano, Lamartine, Victor Hugo, George Sand e Augusto Comte. Em Paris teria assistido as palestras de Comte sobre Filosofia Positiva no Collége de France, no Palais Cardinal em 1851.

lá escreve uma obra comovente, *Letters Written During a Short Residence in Sweden, Norway and Denmark* (Cartas escritas durante uma curta estadia na Suécia, Noruega e Dinamarca), na qual se entrelaçam comentários sobre política, filosofia e vida pessoal. Algum tempo depois de voltar para a Inglaterra, Wollstonecraft começa um relacionamento com William Godwin, que após a publicação de *Enquiry Concerning Political Justice* (1793 – Investigação sobre a justiça política) tornara-se um dos pensadores de maior projeção no Reino Unido. Apesar de criticarem o casamento como instituição, Wollstonecraft e Godwin se casam em maio de 1797. A união durou poucos meses, pois em setembro de 1797 Wollstonecraft veio a falecer, vítima de uma complicação no parto de sua segunda filha.

Apesar de não ter construído uma visão de mundo sistemática, Wollstonecraft tratou com profundidade temas filosóficos importantes, como a liberdade, a natureza humana, a justiça, os direitos políticos, e a educação. O que a distingue de outros filósofos reconhecidos institucionalmente é, sobretudo, o desinteresse por especulações meramente teóricas, desvinculadas de questões concretas da vida e do mundo.

Observando as representações da mulher dos grandes pensadores da história oficial da filosofia aqui expostas, e as de outros não incluídos nessa história, o que mais surpreende é a reprodução do senso comum sobre a natureza da mulher e a visão estereotipada do feminino predominante nas mais ilustres cabeças filosóficas durante mais de 2000 anos e principalmente na época moderna. Ainda que não seja a pretensão desse estudo apresentar muitas conclusões, acredito que através do cotejo realizado entre os filósofos citados, ele demonstra a insuficiência das explicações que invocam padrões culturais de sociabilidade existentes na época moderna para justificar os discursos sexistas dos filósofos.

3 O ANJO DA HISTÓRIA E A HISTÓRIA DA ARTE

> O objeto da história é a realização de tudo aquilo
> que é necessário na prática.
>
> Friedrich Schlegel[41]

A filosofia da história de Walter Benjamin colocou em questão os conceitos de tempo, de sujeito histórico e de progresso existentes em sua época. A intenção deste texto é mostrar em que medida esses questionamentos contribuíram, e ainda contribuem, para a construção de uma nova história da arte. Começo, então, com a pergunta: o que é, ou tem sido, a história para Benjamin? Respondendo de maneira muito direta e sintética, podemos dizer: catástrofe. Para esclarecer o sentido dado por Benjamin a essa palavra, recorrerei, inicialmente, a uma imagem bem conhecida, a imagem do anjo da história apresentada na tese IX do texto "Sobre o conceito de história", e em seguida, a uma imagem que aparece no texto "Parque Central", onde o curso da história é comparado ao girar de um caleidoscópio.

A tese IX apresenta uma leitura muito pessoal, uma alegoria da aquarela de Paul Klee *Angelus Novus*, adquirida por Benjamin em 1921, em Munique, por mil marcos (quatorze dólares). Os detalhes dessa aquisição foram mencionados por Gershom Scholem[42] apesar de interessantes, eles não trazem

---

41 SCHLEGEL, Friedrich. *Conversa sobre poesia e outros fragmentos*. São Paulo: Iluminuras, 1994, p. 97.
42 SCHOLEM, Gershom. *Walter Benjamin: a história de uma amizade*. São Paulo: Perspectiva, 1989. p. 106.

esclarecimentos significativos para a questão que estamos tratando. As observações de Benjamin sobre o *Angelus Novus*, de Klee, revelam porque ele representa o anjo da história:

> *Seus olhos estão arregalados, sua boca está aberta e suas asas estão estiradas. O anjo da história tem de parecer assim. Ele tem seu rosto voltado para o passado. Onde uma cadeia de eventos aparece diante de nós, ele enxerga uma única catástrofe, que sem cessar amontoa escombros sobre escombros e os arremessa a seus pés. Ele bem que gostaria de demorar-se, de despertar os mortos e juntar os destroços. Mas do paraíso sopra uma tempestade que se emaranhou em suas asas e é tão forte que o anjo não pode mais fechá-las. Essa tempestade o impele irresistivelmente para o futuro, para o qual dá as costas, enquanto o amontoado de escombros diante dele cresce até o céu. O que nós chamamos progresso é essa tempestade.*[43]

Os escombros são o resultado da violência que perpassa a história, suas lutas, guerras e massacres. A retomada do tema bíblico da expulsão do paraíso na tese IX, tema que é central no texto sobre a linguagem de 1916 (*Über Sprache Überhaupt und über die Sprache des Menschen*), indica, por um lado, a presença da violência no acontecimento inaugural da história humana, e, por outro, o cruzamento entre história e linguagem no pensamento de Benjamin.

No âmbito da história individual, os escombros são resultantes das *perdas irrecuperáveis* e inevitáveis que acontecem no próprio percurso biográfico de cada um. Através de um exercício de rememoração de Benjamin no texto "O jogo das letras"

---

[43] BENJAMIN, apud LÖWY, Michael. *Walter Benjamin: aviso de incêndio. Uma leitura das teses "Sobre o conceito de história"*. São Paulo: Boitempo, 2005, p. 87.

(*Der Lesekasten*), podemos precisar o sentido de "irrecuperável" e entender a melancolia do autor:

> Nunca podemos recuperar totalmente o que foi esquecido. E talvez seja bom assim. O choque do resgate do passado seria tão destrutivo que, no exato momento, forçosamente deixaríamos de compreender nossa saudade. Mas é por isso que a compreendemos, e tanto melhor, quanto mais profundamente jaz em nós o esquecido. (...) A saudade que em mim desperta o jogo das letras prova como foi parte integrante da minha infância. O que busco nele, na verdade, é ela mesma: a infância por inteiro, tal qual a sabia manipular a mão que empurrava as letras no filete, onde se ordenavam como uma palavra. A mão pode ainda sonhar com essa manipulação, mas nunca mais poderá despertar para realizá-la de fato. Assim, posso sonhar como no passado aprendi a andar. Mas isso de nada adianta. Hoje sei andar; porém nunca mais poderei tornar a aprendê-lo.[44]

A articulação história/linguagem em Benjamin se sustenta numa dialética diferente da de Hegel, na qual o presente não nega/supera o passado. Passado e presente se interpenetram na forma de correspondência. Essa forma é modelar na poesia de Baudelaire, cujas correspondências em *As flores do mal* foram construídas através de uma dolorosa e singular *experiência*. Em *Parque Central* encontramos um comentário de Benjamin esclarecedor sobre essa questão:

> O fundamento decisivo da produção de Baudelaire é uma relação de tensão em que, nele, se liga uma sensibilidade extremamente elevada

---

[44] BENJAMIN, Walter. Rua de mão única. São Paulo: Brasiliense, 1995. (Obras escolhidas v. 2), p. 104.

a uma contemplação extremamente concentrada. Teoricamente, essa relação se reflete na doutrina das correspondance e na doutrina da alegoria. Baudelaire nunca fez a menor tentativa de estabelecer uma relação qualquer entre essas suas especulações. A sua poesia nasce da cooperação dessas duas tendências nele encarnadas.[45]

Na doutrina das correspondências as coisas são sempre reveladas através de uma analogia recíproca. Essa ideia tem como pressuposto a compreensão do mundo como uma totalidade complexa e indivisível. No soneto Correspondências, Baudelaire[46] diz que *os sons, as cores e os perfumes se harmonizam*, e no poema em prosa O Bobo e a Vênus, o *êxtase universal* das coisas da natureza é comparado a uma *orgia silenciosa*. Ilustrando sua teoria, Baudelaire[47] escreveu: "Dir-se-ia que uma luz cada vez mais intensa faz brotar dos objetos cintilações cada vez mais vívidas, que as flores excitadas ardem no desejo de rivalizar com o azul do céu pela energia de suas cores, e que o calor, tornando mais visíveis os perfumes, os faz subir para o sol como vapores".

Confrontando-se com a perspectiva teleológica de Hegel, Benjamin não vê o processo histórico como a marcha ascendente da razão rumo à liberdade e ao progresso. A história da humanidade tem sido uma catástrofe, pois o que chamamos progresso se assemelha ao girar de um caleidoscópio onde "a cada giro, toda a ordenação sucumbe ante uma nova ordem. Essa imagem tem uma bem fundada razão de ser. Os conceitos dos

---

45 BENJAMIN, W. Charles Baudelaire, um lírico no auge do capitalismo. 1ª edição. São Paulo: Brasiliense, 1989 (Obras escolhidas, v. 3), p. 151.
46 BAUDELAIRE, C. *Poesia e Prosa*. Edição organizada por Ivo Barroso. Rio de Janeiro: Nova Aguilar, 1995, p. 109.
47 Ibid., p. 284.

dominantes foram sempre o espelho graças ao qual se realizava a imagem de uma 'ordem'. O caleidoscópio deve ser destroçado".[48] Mas essa destruição é difícil porque exige a articulação memória individual/memória coletiva e uma mudança radical no processo de transmissão da cultura. A compreensão de Benjamin a respeito da memória individual é fundamental porque retoma a questão do papel do indivíduo na história. Preocupado em combater a historiografia burguesa, que narra a história a partir de alguns indivíduos, os grandes vultos, Marx destacou o papel dos sujeitos coletivos (as classes sociais) e das grandes estruturas (o Estado, o sistema financeiro, os Partidos etc.). A "cegueira" em relação aos sujeitos individuais – "não vejo o homem, vejo apenas operários, burgueses, intelectuais" – era, em certa medida, consciente. Em *O dezoito brumário de Luiz Bonaparte* encontramos a contundente e grave afirmação: "A tradição de todas as gerações mortas oprime como um pesadelo o cérebro dos vivos".[49] Isso significa, evidentemente, um reconhecimento da importância da memória e do passado; no entanto, não encontramos em Marx uma reflexão à altura de sua própria constatação, pois sua energia intelectual estava mais voltada para pensar o futuro da humanidade.

Fazendo um contraponto à ênfase no futuro, Benjamin admite, na tese XII do texto "Sobre o conceito de história", que é a visão dos ancestrais escravizados, a necessidade de reparação das injustiças cometidas contra os oprimidos, e a revolta contra as estruturas opressoras, que sustentam a luta pela libertação das gerações futuras. Nesse contexto, destroçar o caleidoscópio

---

48   BENJAMIN, W. *Charles Baudelaire, um lírico no auge do capitalismo*. 1ª edição. São Paulo: Brasiliense, 1989 (Obras escolhidas, v. 3), p. 154.
49   MARX, K. *O 18 Brumário de Luis Bonaparte*. São Paulo: Escriba, 1968, p. 15.

significa romper com as formas de dominação burguesas e com os processos que bloqueiam a ação consciente na história. Ao direcionar o olhar para os vencidos e os aspectos infinitamente pequenos e desprezados da história, Benjamin subverte a visão que temos dela. Voltando a atenção para as ruínas e os fragmentos, podemos perceber o que a história poderia ter sido e não foi. O gesto heróico de destroçar o caleidoscópio se realiza nas alegorias de Baudelaire porque nelas aparece o reprimido da história. Como crítico, Benjamin dedicou treze anos (1927-1940) a um minucioso trabalho de investigação da cultura do século XIX no trabalho das *Passagens* para compreender o embate de Baudelaire com sua época. A análise de Benjamin não parte, entretanto, dos elementos externos à obra, mas de sua materialidade linguística. A grande virada dessa *crítica* é seu rompimento com a ideia de que a poesia de Baudelaire tem uma dimensão estritamente subjetiva, que ela se resume a uma condensação das inquietações da vida interior do poeta. Benjamin procura mostrar no trabalho das *Passagens* que Baudelaire colocou a cidade – Paris – como objeto de sua poesia, criando, assim, uma ligação entre a esfera privada e a pública, entre o individual e o social.

Há uma sintonia, em Benjamin, entre a história da humanidade, a história da filosofia e a história da arte.[50] A ideia de

---

50 No prefácio epistemológico do livro sobre o barroco, Benjamin reafirma a tese platônica da eternidade das ideias, incorporando-a de maneira muito peculiar. A afirmação "as ideias são constelações intemporais" indica o modo como se deu essa apropriação. Como desdobramento dela, segue a afirmação de que não há progresso na história da filosofia. Os trechos do prefácio que reproduzimos a seguir reforçam essa posição: "As grandes filosofias representam o mundo na ordem das ideias. Mas, regra geral, o quadro conceitual em que isso se deu, há muito que começou a esboroar-se. Apesar disso, esses sistemas mantêm sua validade como esboços de uma

progresso é estranha a todas elas.[51] Além de rejeitar o percurso lógico da filosofia da história de Hegel, Benjamin também desconfia do entusiasmo de Marx em relação ao desenvolvimento das forças produtivas e da base econômica como o motor da história. Na relação superestrutura/infraestrutura, isto é, na relação entre o material e o espiritual, o que está em disputa é a coisa material, mas as motivações, ou o combustível da luta, é o espiritual, ou simbólico. Por outro lado, Benjamin reafirma a tese de Marx de que a produção e autonomia da arte se funda na divisão trabalho manual/trabalho intelectual, não existindo, como julgavam Kant e todos os idealistas, uma autonomia do fenômeno estético que não esteja assentada nessa divisão e nas formas desiguais de apropriação do produto do trabalho. A tese VII revela como a cultura e a autonomia da arte estão implicadas com a injustiça e a exploração do trabalho. Por isso mesmo, o materialista histórico observa os bens culturais a uma certa distância e com um sentimento de horror. Se é a apropriação privada do excedente da produção material que sustenta os artistas e intelectuais, todos os tesouros culturais devem sua existência também à corveia anônima de seus contemporâneos.

---

descrição do mundo, tal como aconteceu com a doutrina das ideias de Platão, a monadalogia de Leibniz ou a dialética de Hegel" (Benjamin, 2004, p. 18).
"... a filosofia mostrou ser, e com razão, no decurso de sua história (tantas vezes objeto de troça), uma luta pela representação de algumas palavras, poucas e sempre as mesmas – que o mesmo é dizer, de ideias (Benjamin, 2004, p. 23).
51 A compreensão de Benjamin é oposta à de Arthur Danto, que supõe um progresso na história da arte (DANTO, Arthur. C. *As transfigurações do lugar-comum*. Uma filosofia da arte. São Paulo: Cosac Naify, 2005, p. 26).
Na verdade Hegel não previu a possibilidade de autoconsciência da arte, e sim o contrário, exatamente por isso a arte definha e a história da arte chega ao fim, sendo superada pela religião e pela filosofia, enquanto formas de representação do absoluto.

Nunca há um documento da cultura que não seja, ao mesmo tempo, um documento da barbárie. E assim como ele não está livre da barbárie, também não o está o processo de sua transmissão na qual ele passou de um vencedor a outro. Por isso, o materialista histórico, na medida do possível, se afasta dessa transmissão. Ele considera como sua tarefa escovar a história a contrapelo.[52]

Divergindo dos teóricos marxistas que consideram o aspecto econômico *determinante*, Benjamin nunca considerou a arte um mero reflexo da infraestrutura, mas como *expressão* da estrutura. Na filosofia da história benjaminiana o passado é fundamental; mudamos o presente e o futuro dependendo do modo como interpretamos o passado. Não há uma linearidade progressiva no fio da história individual dos homens, nem na história coletiva. O passado não é algo morto e apartado de nós; exatamente por isso ele precisa ser integralmente reconhecido através da rememoração. No texto "A caminho do planetário", em *Rua de mão única*,[53] Benjamin considera que a ideia de progresso, e a crença de que o presente é sempre superior ao passado, está intimamente ligada à redução do desenvolvimento da humanidade às descobertas científicas e técnicas, ao crescimento das forças produtivas e à dominação da natureza.

A ênfase dada ao passado e à sua recuperação através do trabalho da memória explica porque Benjamin é considerado por muitos comentadores um psicanalista da história. Seu interesse por aspectos aparentemente insignificantes, como, por

---

52 BENJAMIN, W. apud LÖWY, Michael. *Walter Benjamin: aviso de incêndio*. Uma leitura das teses "Sobre o conceito de história". São Paulo: Boitempo, 2005, p. 70.
53 BENJAMIN, Walter. *Rua de mão única*. São Paulo: Brasiliense, 1995. (Obras escolhidas v. 2), p. 68.

exemplo, a moda, os sistemas de iluminação, as construções em ferro, as lojas de departamentos, as ferrovias, o brinquedo infantil, o jogo, a prostituição, se assemelha ao interesse do psicanalista pelos atos falhos, os sonhos, os lapsos. O trabalho com o lixo da história oficial, e seu processamento pela memória, abre a possibilidade de questionamento da versão oficial da história, e, a partir daí, de mudança na lógica que domina a história. Na tese II, Benjamin se refere à rememoração como *um encontro secreto entre as gerações passadas e a nossa*. Nesse encontro, a imagem de felicidade e as reivindicações das gerações do passado podem ser recuperadas. Incorporando elementos da filosofia de Hermann Lotze (1817-1881), Benjamin considera que só através da rememoração do passado será possível realizar aquilo que a história poderia ter sido e não foi. Na conexão entre rememoração (*Eingedeken*), reparação (*Erlösung*) e redenção (*Verlassenheit*) está implícita a busca de um caminho para que a verdade e a justiça apareçam na história.

O pensamento de Benjamin não se constrói como metanarrativa, buscando uma visão de totalidade, nem guiado por um quadro teórico claramente estruturado. Ele realiza um trabalho paciente de observação que amplia o micro e o fragmentário com uma lupa, para que o observador possa *ver* os fenômenos de perto ao invés de explicá-los fazendo uso de grandes esquemas teóricos. A estratégia de produzir um estranhamento em relação ao real, através de uma aproximação que amplia ao máximo suas dimensões, é oposta à perspectiva historicista/positivista, que associa conhecimento a distanciamento do objeto. O medo de Adorno desse mergulho no microcósmico, um movimento excessivamente distanciado de Hegel, explica algumas de suas críticas a Benjamin pela falta de mediação dialética. Essas críticas foram feitas numa época em que ainda não estava claro para Adorno algo que foi dito textualmente por ele, num artigo feito por ocasião do décimo aniversário da morte de Benjamin: *Em todas as suas fases, Benjamin uniu em seu pensamento a decadência do sujeito e a salvação do homem. Isso define o arco macrocósmico em cujas microcósmicas figuras estava absorto.*[54]

Essa articulação entre o micro e o macro pretende resolver um problema considerado por Benjamin central no materialismo histórico: o alcance de uma ampla visibilidade através do método marxista. Um *retorno às coisas* por um caminho diferente do indicado por Husserl. A reflexão ensaística de Benjamin emana da produção cultural; nela a teoria não se sobrepõe ao empírico.

A atividade crítica foi o instrumento usado por Benjamin para fazer filosofia e escovar a história da arte a contrapelo. Partindo dos princípios da crítica romântica de Friedrich Schlegel e Novalis, que eram completamente diferentes dos interesses da crítica inglesa envolvida com os processos de legitimação que fundam o mercado de arte, Benjamin transformou a crítica num instrumento de intervenção cultural e política. Sua consciência sobre o papel que queria desempenhar, como intelectual, em sua época era muito clara; numa carta escrita ao amigo Gershom Scholem,[55] em 20 de janeiro de 1930, ele revelou que tinha como meta recuperar a crítica como um *gênero sério* e tornar-se o crítico mais importante da literatura alemã de sua época. Podemos avaliar a relevância social desse objetivo e a importância de sua contribuição como crítico, através de uma rápida digressão sobre a história da crítica.

---

54 ADORNO, T. W. *Sobre Walter Benjamin*. Madri: Cátedra, 1995, p. 14 (grifo da autora).
55 SCHOLEM, Gershom. *Walter Benjamin: a história de uma amizade*. São Paulo: Perspectiva, 1989, p. 163.

O surgimento da Crítica está intimamente ligado à institucionalização da arte e à dificuldade da arte de integrar-se à vida social na cultura burguesa. Não desempenhando uma função socialmente necessária e sendo uma atividade isolada, a arte precisa da crítica para inserir-se no sistema geral da cultura. Como observou Argan: a crítica foi se tornando "um prolongamento, ou um tentáculo com o qual a arte tenta agarra-se à sociedade, qualificando-se como uma atividade não totalmente contrária ou dissemelhante (sic) daquelas a que a sociedade dá crédito como produtora de valores necessários, tais como a ciência, a literatura, a política, etc".[56]

A crítica especializada, no sentido técnico e profissional, surge, no século XVIII na Inglaterra, com o objetivo de proteger o incipiente mercado artístico, ainda em formação, dos "falsos" artistas. A fundação da Sotheby's (em 1744) e da Christie's (em 1766), em Londres, visava exatamente esse fim. A importância da autoria e da autenticidade foi postulada pela primeira vez por William Hogarth (1697-1764), e em seguida Joshua Reynolds (1723-1792) e Denis Diderot (1713-1784) reforçaram a dimensão subjetiva da crítica e a necessidade da obra atingir emocionalmente o observador. No século XIX Ruskin, retomando de William Blake (1757-1827) a distinção entre o falso conhecimento e o autêntico, constrói sua *crítica* com base na tese de que a revelação da realidade só acontece *plenamente* na arte. A crítica ruskiniana atinge a cultura num sentido mais amplo e profundo ao invocar o aspecto ético e a atitude *desinteressada* dos artistas de épocas anteriores, atitude que estava desaparecendo com a industrialização e a mercantilização da sociedade.

---

56 ARGAN, Giulio Carlo. *Arte e Crítica de Arte*. Lisboa: Editorial Estampa, 1988, Argan, 1995, p. 130.

A partir de Ruskin a crítica se torna cada vez mais sensível às questões sociais e políticas. Seguindo essa tendência, Baudelaire (1821-1867) reivindica o valor de uma crítica subjetiva e afirma o direito do crítico ser parcial e apaixonado em seu ofício. Apesar da paixão, a atividade de Baudelaire como crítico não foi considerada por Benjamin tão importante quanto sua atividade literária. Há comentários em Paris do Segundo Império em Baudelaire[57] sobre as contradições internas, a fragilidade política e as mudanças abruptas de Baudelaire: ele dedicou o "Salon de 1846" ao burguês, considerou em 1850 que a arte não poderia estar separada de uma função utilitária, e, pouco tempo depois, passou a defender a "arte pela arte".

A distância existente no início do século XX entre a crítica e o mercado foi diminuindo gradativamente, dada a impossibilidade de dissociação entre a qualidade reconhecida pelos críticos em determinados produtos artísticos e o seu valor de mercado. A autonomia da crítica tornou-se, assim, tão problemática quanto a autonomia da arte, pois, ao dificultar ou eliminar a circulação dos produtos considerados de qualidade duvidosa ou sem qualidade, a crítica reforça a correspondência entre valor artístico e valor de mercado. Ainda que se possa marcar uma distância entre crítica e história da arte, não há como negar o elo entre uma e outra. Ao atribuir autenticidade a uma obra e legitimá-la como arte, o crítico participa da construção da história oficial da arte. Argan[58] é categórico a esse respeito ao reconhecer: "o juízo artístico é juízo histórico, de tal modo que não pode existir nenhuma distinção no plano teórico, entre crítica e história da arte".

---

57 BENJAMIN, Walter. *Charles Baudelaire, um lírico no auge do capitalismo*. 1ª edição. São Paulo: Brasiliense, 1989 (Obras escolhidas, v. 3), p. 10.
58 ARGAN, Giulio Carlo. *Arte e crítica de Arte*. Lisboa: Editorial Estampa, 1988, p. 142.

O conceito de crítica da arte de Benjamin foi se definindo a partir da elaboração da tese de doutorado sobre conceito de crítica do romantismo alemão (*Der Begriff der Kunstkritik in der Deutschen Romantik*). Tanto o estudo teórico a respeito da crítica de arte quanto o próprio exercício crítico das obras de arte são centrais na trajetória de Benjamin. Após a conclusão da tese de doutorado em 1919, dois grandes trabalhos de crítica se sucedem: *As afinidades eletivas de Goethe* (*Goethes Wahlverwandtschaften*) em 1922, e a tese de livre docência sobre o drama barroco alemão (*Ursprung des deutschen Trauerspiels*) concluída em 1925. Com a reprovação deste trabalho pela Universidade de Frankfurt e a inviabilização de uma carreira acadêmica, Benjamin passa a depender cada vez mais de sua atividade de crítico literário e tradutor.

A crítica benjaminiana se contrapõe às análises fundadas numa concepção de história da arte como inventário ou retrospectiva de obras, estilos e autores. Nas reflexões de Benjamin, as correspondências entre a alegoria barroca, a alegoria moderna, e as vanguardas do século XX, ao desconstruírem a continuidade linear da história da arte, salvam as obras do *conformismo que quer apoderar-se delas*. Para realizar tarefas dessa envergadura, o historiador e o crítico têm que romper com a ilusão de neutralidade; eles devem tomar partido, se posicionar claramente, sobretudo nos momentos de perigo, em que os oprimidos estão mais ameaçados e correndo o risco de mais uma derrota.

Encontramos os princípios dessa historiografia nos surrealistas. A revisão do passado levou-os à descoberta e divulgação de inúmeros escritores e pintores desconhecidos e/ou sem reconhecimento na história oficial. Com essas obras, eles fizeram um museu ideal para uso próprio. Foram admitidos sem restrições, por exemplo, Paolo Uccelo, muito apreciado pelo lirismo de suas concepções e pelo uso arbitrário que fazia das cores,

Piero di Cosimo, também do Renascimento italiano, cujas criações eram realizadas após horas de contemplação de paredes manchadas, nuvens, pedras, de onde saíam paisagens e cenas grandiosas. Houve também um grande interesse pelas fantasmagorias de Johann Heinrich Füssli (pintor suíço radicado na Inglaterra), pelas gravuras de Durer inspiradas no Apocalipse, pelos temas prodigiosos de Bosch, e Bruegel (o Velho), William Blake, Antoine Caron e muitos outros. Mas não foi apenas na arte europeia que os surrealistas buscaram tesouros escondidos. O interesse por máscaras africanas, que os cubistas assimilaram como solução plástica, pela arte dos índios da América do Norte e do México, e pela cultura das populações da Oceania, também faziam parte dessa outra história.

Nessa perspectiva, cabe ao historiador materialista e ao crítico fazer com que a força das imagens e das obras do passado não sejam obscurecidas. O olhar do crítico não deve se dirigir apenas para o presente. Se ele não olhar o passado e suas alegorias enigmáticas, não poderá construir uma história da arte fundada em princípios que ultrapassam o horizonte da cultura burguesa. O grande desafio do crítico, para Benjamin, é revelar a verdade da obra, coisa que ele só pode fazer preservando o seu mistério, daí a dificuldade. Tal como faziam os antigos narradores, que atingiam mais profundamente o ouvinte porque não estavam preocupados em passar uma mensagem fechada num único significado, o crítico também deve deixar espaço para que o caráter polissêmico da linguagem da arte seja preservado.

O percurso crítico de Benjamin tem como divisor de águas *Rua de mão única*, um trabalho assumido inicialmente como um texto experimental "para os amigos". A forma aparentemente despretensiosa e despojada do livro esconde, em certa medida, seu alcance teórico. Além de alargar o conceito de crítica de arte,

Rua de mão única introduz o "problema" do receptor. Durante muito tempo, Benjamin não se preocupou seriamente com essa questão. Sua posição a respeito do receptor ou do "público" era semelhante à dos românticos, que Schlegel[59] revela, em certa medida, no fragmento: "Sempre se lamenta que os autores alemães escrevam para um círculo tão pequeno que, com frequência, acabem por escrever apenas uns para os outros. Isso é muito bom. Dessa forma a literatura alemã terá cada vez mais caráter e espírito. Entrementes, talvez possa até surgir um público".

A maior sensibilidade para o problema do receptor não levou Benjamin a se tornar menos exigente em relação à linguagem, ou a pensar em fazer concessões que pudessem levar ao seu empobrecimento. Muito pelo contrário. Daí a contradição interna de *Rua de mão única*: se por um lado existe nessa grande colagem uma rejeição das formas tradicionais de escrita, e uma incorporação da escrita das ruas, dos cartazes de propaganda, letreiros etc., por outro, a forma subversiva como essa escrita é capturada dá a ela um tom esotérico que trai, em parte, a intenção inicial de atingir mais profundamente um maior número de pessoas. Ou seja, a abertura no plano da linguagem na verdade não tornou menos problemática a recepção.

A leitura de *Rua de mão única* é difícil porque não há uma estrutura conectando os textos. O pensamento de Benjamin vai direto ao concreto, ao particular. Os temas tratados são os mais variados, aparentemente sem nenhuma relação entre si: reflexões sobre a educação e o brinquedo, instruções técnicas para artistas e escritores, relatos de sonhos, lembranças de infância, comentários sobre a crise política etc. Nessa miscelânea são abolidas as fronteiras público/privado, sonho/realidade, exterior/

---

[59] SCHLEGEL, Friedrich. *Conversa sobre poesia e outros fragmentos*. São Paulo: Iluminuras, 1994, p. 105.

interior. A vitalidade intelectual que o trabalho irradia assusta o leitor, tudo parece de pernas para o ar.

Segundo a leitura de Adorno,[60] Benjamin pretendia com a escrita hieroglífica de *Rua de mão única* evocar, de forma alegórica, o que não pode ser dito com palavras. Não se trata, nesse caso, de ilustrar ou de dar uma nova roupagem ao pensamento conceptual, mas de chamar a atenção pela forma enigmática, pondo em movimento o pensamento, que em sua expressão tradicional e conceptual tornara-se rígido, convencional e envelhecido. Esse comentário se parece com o de Ernst Bloch, Susan Buck-Morss,[61] referindo-se à recepção de *Rua de mão única* por Bloch, revelou que ele teria dito a Benjamin, depois de ler o livro, que "ali estava a abertura de uma loja de filosofia (...) com os novos modelos de metafísica na vitrine". O comentário teria deixado Benjamin visivelmente contente.

O problema da recepção da obra de arte é abordado em *Rua de mão única* de maneira direta logo na primeira página. No pequeno texto "Posto de gasolina" (Tankstelle) há uma recomendação aos artistas e intelectuais, na abordagem do problema da recepção, que coloca em xeque a própria noção de obra de arte:

> *A construção da vida, no momento, está muito mais no poder dos fatos que de convicções. E aliás, de fatos tais, como quase nunca e em parte nenhuma se tornaram fundamento de convicções. Nessas circunstâncias, a verdadeira atividade literária não pode ter a pretensão de desenrolar-se dentro de molduras literárias – isso, pelo*

---

60 ADORNO, T. W. *Sobre Walter Benjamin*. Madri: Cátedra, 1995, p. 29.
61 BUCK-MORSS, Susan. *Dialética do olhar*. Walter Benjamin e o projeto das Passagens. Belo Horizonte: Editora da UFMG; Chapeco/SC: Ed. Universitária Argos, 2002, p. 47.

contrário, é a expressão usual de sua infertilidade. A atuação literária significativa só pode instituir-se em rigorosa alternância de agir e escrever; tem de cultivar as formas modestas, que correspondem melhor a sua influência em comunidades ativas que o pretensioso gesto universal do livro, em folhas volantes, brochuras, artigos jornal e cartazes. Só essa linguagem de prontidão mostra-se atuante à altura do momento. As opiniões, para o aparelho gigante da vida social, são o que é o óleo para as máquinas; ninguém se posta diante de uma tribuna e a irriga com óleo de máquina. Borrifa-se um pouco em rebites e juntas ocultos, que é preciso conhecer.[62]

Quatro anos mais tarde, em 1929, no texto "O Surrealismo", Benjamin confirma essa posição e ressalta a importância das estratégias usadas pelos surrealistas para afirmar valores capazes de promover a liberação total do espírito. Fica visível nesse ensaio uma característica marcante da crítica benjaminiana: ela toma partido, intervém. A afirmação que conclui o ensaio não deixa dúvidas a esse respeito: "No momento, os surrealistas são os únicos que conseguiram compreender as palavras de ordem que o Manifesto transmite hoje".

Essa frase mostra a posição de Benjamin a favor dos surrealistas na querela entre esses e os dirigentes do Partido Comunista Francês, que culminou com a expulsão de Breton, Eluard e Crevel do partido em 1933. Além dessa afirmação, no ensaio "O Surrealismo", a radicalidade de algumas posições de Benjamin, como, por exemplo, a interrupção da carreira artística e o direcionamento do artista para outras atividades diretamente envolvidas com a vida das pessoas, revela uma compreensão

---

62 BENJAMIN, Walter. *Rua de mão única*. São Paulo: Brasiliense, 1995. (Obras escolhidas v. 2), p. 11.

muito precoce dos limites institucionais da arte e da relação arte/vida. Reapresentada 40 anos mais tarde por um artista, a tese do abandono da carreira artística foi recebida como uma proposta radical. No *Manifesto do artista*, escrito em 1969 e publicado na revista *Art News* em fevereiro de 1971, Allan Kaprow conclui parodiando o Manifesto Comunista: "Artistas do mundo caiam fora! Nada têm a perder senão suas profissões".

A partir de *Rua de mão única*, Benjamin passa a reconhecer uma mitologia própria à cultura burguesa que será central no trabalho das Passagens. A formação dessa mitologia é indissociável do processo de mudança que culminou com o fim do capitalismo do laissez-faire. O mundo humano, ao se tornar mais regulado pelo mercado, foi ficando cada vez mais opaco à consciência; nele os indivíduos se sentem como outrora o homem primitivo se sentia em relação à natureza. A destruição do ethos histórico, característica do drama barroco, veio a se revelar com contornos mais sofisticados nos séculos XIX e XX.

No mundo moderno, Benjamin[63] entende que a alegoria se mostra como forma de expressão linguística, não sendo, portanto, um mero modo de ilustração significante. Como observou Terry Eagleton, o nivelamento de todas as coisas à condição de mercadoria, isto é, a reificação completa do mundo, tem como contrapartida a forma alegórica de expressão. Sob o domínio do valor de troca, todas as coisas perdem o valor intrínseco; parodiando essa situação imposta pelo mercado, o alegorista investe a si mesmo de um poder capaz de atribuir às coisas o significado que quiser.

---

63 BENJAMIN, Walter. *Origem do drama trágico alemão*. Lisboa: Assírio e Alvim, 2004, p. 176.

A alegoria, assim, imita as operações niveladoras e de geral equivalência da mercadoria, mas ao fazê-lo libera uma nova polivalência de significados, enquanto o alegorista cava no meio das ruínas de significados outrora íntegros, para permutá-los em modos espantosamente novos. Uma vez purgado de qualquer imanência mistificadora, o referente alegórico pode ser redimido para uma multiplicidade de usos, lido a contrapelo e reinterpretado escandalosamente à maneira da cabala.[64]

A presença do elemento teológico no pensamento de Benjamin está tão enraizada que se torna quase invisível, salvo em momentos muito especiais, como, por exemplo, nas teses sobre a filosofia da história, seu último texto. Mas o envolvimento mais profundo de Benjamin com os estudos sobre a cabala teve início muito antes das Teses. Em 1916 o elemento teológico já era muito forte em seu pensamento. Nessa época, seguindo indicação de Scholem,[65] Benjamin dá início à leitura dos quatro volumes da obra de Franz Molitor, *Philosophie der Geschichte, oder die Tradition* (A Filosofia da história ou reflexões sobre a Tradição), uma das primeiras obras sobre judaísmo adquirida por Benjamin. "Por muitos anos ela ocupou um lugar de honra em sua biblioteca. "Além dessa leitura, o contato com os próprios escritos cabalísticos e com a obra mais importante da teologia judaica do início do século XX, *Estrela da redenção*, de Franz Rosenzweig, foi fundamental na formação intelectual e pessoal de Benjamin. Daí porque, segundo Scholem: "Durante muitos anos ele considerou o confronto com os textos sagrados

---

64 EAGLETON, Terry. *A Ideologia da estética*. Rio de Janeiro: Jorge Zahar Ed., 1993, p. 237.
65 SCHOLEM, G. *O golem, Benjamin, Buber e outros justos. Judaica I*. São Paulo: Perspectiva, 1994, p. 204

da tradição hebraica como a experiência crucial de que ele necessitava para chegar realmente ao próprio estilo".[66]

Adotando um *estilo* que combina filosofia e *crítica*, ressignificando ou construindo conceitos de grande alcance teórico, como os de alegoria[67] e imagem dialética,[68] Benjamin subverteu a história oficial da arte. Seu modo de narrar essa história é oposto ao que pretende narrá-la "como ela realmente foi", isto é, ao que mantém a ilusão de neutralidade do historiador. O substrato político da crítica de Benjamin retira das obras de arte seu caráter de fetiche ao inseri-las numa outra história da arte, não circunscrita à produção do sujeito-artista, uma história que não esconde a dimensão de barbárie da qual toda obra de arte é testemunho.

---

66 Ibid., p. 206.
67 A citação e o comentário feito por Benjamin sobre a posição de Goethe a respeito da alegoria é esclarecedora: "Há uma grande diferença entre o poeta procurar o particular para chegar ao geral e contemplar o geral no particular. No primeiro procedimento temos uma alegoria e o particular serve apenas como exemplo, como caso exemplar do geral. Mas na segunda situação estamos de fato perante a natureza da poesia: ela dá expressão a um particular sem pensar no geral e sem apontar diretamente para ele. Quem for capaz de apreender esse particular como coisa viva dispõe ao mesmo tempo do geral, mesmo sem disso ter consciência, ou só chegando a tê-la mais tarde". Assim Goethe se referiu à alegoria, em resposta a uma carta de Schiller, não vendo nela propriamente um objeto digno de reflexão (BENJAMIN, Walter. *Origem do drama trágico alemão*. Lisboa: Assírio e Alvim, 2004, p. 175).
Na forma alegórica de compreensão do mundo a história é apreendida como catástrofe, como amontoado de escombros. "As alegorias são, no reino dos pensamentos, o que as ruínas são no reino das coisas" (Ibid., p. 193).
68 O conceito de imagem dialética é mencionado no livro sobre o drama trágico alemão numa analogia em que os sentidos de "ideia" e "constelação" se iluminam reciprocamente: "As ideias relacionam-se com as coisas como as constelações com as estrelas" (BENJAMIN, Walter. *Origem do drama trágico alemão*. Lisboa: Assírio e Alvim, 2004, p. 20). Em sendo constelações eternas, que tomam como pontos luminosos os elementos extremos dos fenômenos destacados pelo conceito, as ideias alcançam melhor a empiria. "A ideia é uma mônada – isso significa, em suma, que cada ideia contém a imagem do mundo" (Ibid., p. 35).

4 Tragicidade da imagem na cultura moderna

*O eterno, de qualquer modo é, antes,
um drapeado de vestido do que uma ideia.*

Walter Benjamin[69]

A intenção deste artigo é abordar a relação pensamento-imagem, seus envolvimentos com a cultura urbana e as linguagens da arte. Em meu percurso pretendo investigar como a atividade do pensamento, que sempre esteve associada à criação e uso dos conceitos, foi estimulada pela produção de imagens. No âmbito dessa temática a obra de Walter Benjamin trouxe uma das contribuições mais originais e significativas para a vida intelectual do século XX. O poder e o alcance da conexão pensamento-imagem se revela, sobretudo, em *Rua de mão única* (1923-1926), *Imagens do pensamento*, *Diário de Moscou* (1926-1927), *Infância em Berlim* por volta de 1900 (1932-1938) e no trabalho das *Passagens* (1927-1940).

Tomando como ponto de partida a ideia de aura e perda da aura, categoria central em Baudelaire e Benjamin, introduzimos a nossa questão nos reportando, inicialmente, à dedicatória de Baudelaire (1995, p. 277), nos *Pequenos poemas em prosa*,[70] a Arsène

---

69 BENJAMIN, W. *Passagens*. Organização da edição Willi Bolle, Belo Horizonte: Editora UFMG; São Paulo: Imprensa Oficial do Estado de São Paulo, 2006, p. 107.
70 Livro póstumo de Baudelaire, publicado pela primeira vez na edição das obras completas de 1869. A organização dos poemas foi feita por Theodore

Houssaye,[71] especialmente ao trecho onde ele se refere ao desejo de alcançar o sonho de realizar o milagre de uma "prosa poética musical sem ritmo e sem rima, bastante maleável e bastante rica em contrastes para se adaptar aos movimentos líricos da alma, às ondulações do devaneio e aos sobressaltos da consciência".[72] O poeta também identifica, logo a seguir, a origem desse desejo mais profundo: "É, sobretudo, da frequentação das grandes cidades que nasce esse ideal obsessor".[73]

As duas passagens acima citadas estabelecem um vínculo entre o ritmo da vida urbana e a construção de uma nova linguagem, própria ao artista moderno. Para falar do mundo de forma verdadeira o poeta precisa deixar a sua torre de marfim e se misturar com a multidão. As consequências desse deslocamento são o tema do poema em prosa *Perda de auréola*.[74] Nele Baudelaire constrói uma alegoria sobre a condição do artista na modernidade através de uma imagem, uma cena urbana do cotidiano, aparentemente banal. Trata-se da narrativa de um encontro, num lugar mal frequentado, entre um poeta e uma pessoa de seu círculo de relações. O poeta explica a sua presença nesse lugar contando o que acabara de lhe acontecer. Fugindo do caos urbano, da lama da rua e da agitação do trânsito, num movimento brusco escorrega da cabeça do poeta a sua auréola. Preferindo perdê-la a se arriscar a recuperá-la e ter os ossos arrebentados por um veículo, o poeta segue seu caminho e deixa

---

de Banville e Charles Asselineau, executores testamentários do autor.
71 Arsène Houssaye era editor literário de *La Presse*, onde os vinte primeiros poemas em prosa de Baudelaire foram publicados, em 1862.
72 BAUDELAIRE, C. *Poesia e prosa*, volume único, edição organizada por Ivo Barroso. Rio de Janeiro: Nova Aguilar, 1995, p. 277.
73 Ibid.
74 BAUDELAIRE, C. *Poesia e prosa*, volume único, edição organizada por Ivo Barroso. Rio de Janeiro: Nova Aguilar, 1995, p. 333.

a auréola na lama. A condição de igualdade com as pessoas comuns, perdidas no burburinho da cidade, e a possibilidade de algum mau poeta recuperar a auréola para tirar vantagens de seu uso, são admitidas como uma espécie de compensação da perda.

Esse episódio mostra a rua como espaço onde acontecem experiências e situações capazes de transformar radicalmente as condições materiais do artista e da arte. Essas transformações geram um antissubjetivismo e um abalo no próprio conceito de subjetivo. Na tragicidade da imagem do poema *Perda de auréola*[75] fica exposta a correlação entre a transformação técnica da escrita poética e as transformações urbanas na modernidade. Baudelaire também trata da relação entre a transformação da cidade e das imagens nas artes plásticas no texto "O pintor da vida moderna".[76] Nele são observadas as particularidades dos desenhos e pinturas de Constantin Guys (1805-1892), considerado pelo autor o modelo por excelência do artista moderno. Essa avaliação se constrói a partir do próprio ideal do pintor, pois o que sua arte efetivamente busca, segundo Baudelaire, é algo mais elevado do que o prazer efêmero objetivado pelo *flâneur*. "Trata-se, para ele (Constantin Guys), de tirar da moda o que esta pode conter de poético no histórico, de extrair o eterno do transitório."[77] (Baudelaire, 1995, p. 859).

Por conseguir uma combinação tão extraordinária, Constantin Guys, artista autodidata, que iniciou sua atividade como desenhista e

---

75 Ensaio publicado pela primeira vez no *Figaro* em 26 e 29/11 e 3/12 de 1863. A modéstia de Constantin Guys era tão grande que durante muito tempo ele se recusou a ler o ensaio de Baudelaire, constrangido com os elogios feitos a ele no texto.
76 BAUDELAIRE, C. *Poesia e prosa*, volume único, edição organizada por Ivo Barroso. Rio de Janeiro: Nova Aguilar, 1995, p. 851.
77 Ibid., p. 859.

pintor com mais de 40 anos, é considerado um modelo. Ele encarna a teoria do belo de Baudelaire, segundo a qual o belo é constituído por um elemento eterno e invariável e por um elemento circunstancial e histórico, dualidade que também é inerente ao homem.

Em O *pintor da vida moderna* Baudelaire revela que esperou 10 anos para ver realizado seu desejo de conhecer pessoalmente Constantin Guys. Quando finalmente o encontro entre os dois se realizou, o impacto foi muito grande: "logo vi que não se tratava precisamente de um *artista*, mas antes de um *homem do mundo*"[78] (grifo no original). Definindo a diferença entre o artista e o homem do mundo, o poeta diz que o primeiro é um especialista, um homem subordinado ao seu ofício, enquanto o segundo busca compreender o mundo inteiro e as "razões misteriosas e legítimas de seus costumes".[79] A curiosidade que guia seu pensamento é semelhante à da criança, daí sua genialidade. Sempre atento às mais sutis manifestações da vida, ele consegue extrair da moda o eterno.

A distinção entre "artista" e "homem do mundo" sugere uma valorização do segundo e uma restrição à figura do especialista e à divisão social do trabalho, que começava a se acentuar em diferentes campos de atividade na segunda metade do século XIX. A agilidade da técnica de CG acompanha o ritmo da vida moderna. Como todos os bons desenhistas, ele desenha de memória, diz Baudelaire, e não a partir do modelo. Na verdade a partir da imagem gravada dentro dele próprio, isso lhe permitia trabalhar em 20 desenhos ao mesmo tempo. Comentando a força das imagens feitas por ele para o jornal *Ilustrated London News* sobre a guerra da Crimeia, Baudelaire afirmou:

---

78   Ibid., p. 855.
79   Ibid.

"nenhum diário, nenhum relato escrito, nenhum livro exprime tão bem em todos os seus detalhes dolorosos e em sua sinistra amplitude"[80] essa grande epopeia.

Mas o que levou Baudelaire a definir CG como "o pintor da vida moderna" não foi o seu registro da guerra da Crimeia para o jornal inglês, e sim as suas imagens da vida urbana de Paris durante o Segundo Império (1852-1870). A partir da observação dessas imagens surgiu o conceito de "arte moderna" e de "arte mnemônica", que através de um esforço evocador de memória consegue ressuscitar as coisas como se dissesse a cada uma delas: "Lázaro, levanta-te!".[81]

Nos "Quadros parisienses", que fazem parte do chamado ciclo urbano d'*As flores do mal*, o fascínio do poeta pela cidade de Paris, com suas luzes, personagens, construções e até seus ruídos, foi imortalizado em imagens e alegorias reveladoras da experiência do choque. Benjamin considera essa experiência determinante na obra de Baudelaire. Nos poemas "Paisagem", "A uma mendiga ruiva", "Os sete velhos", e "A uma passante", por exemplo, o tema da multidão anônima e o fervilhar das ruas é central na arquitetura dos textos. A construção dos versos n'*As flores do mal* foi comparada por Benjamin à planta de uma grande cidade: "Neste mapa, as palavras têm, como conspiradores antes de estourar uma rebelião, seus lugares indicados com toda precisão. Baudelaire conspira com a própria linguagem. Passo a passo calcula seus efeitos".[82]

A aguda percepção de Baudelaire a respeito do que estava acontecendo na cidade e no mundo artístico em sua época é

---

80 Ibid., p. 864.
81 BAUDELAIRE, C. *op. cit.* p. 863.
82 BENJAMIN, W. "Paris do Segundo Império em Baudelaire" em: *Walter Benjamin*/Sociologia. Tradução, introdução e organização de Flávio Kothe. São Paulo: Ática, 1991, p. 120.

muito comentada e valorizada por Benjamin. Há uma afinidade profunda entre os dois, que se manifesta, sobretudo, na compreensão da perda da aura da obra de arte como um fenômeno relacionado às transformações da cidade e à mercantilização da vida. O impacto da cultura urbana se revelou pela primeira vez na linguagem de Walter Benjamin – com a mesma força que encontramos em Baudelaire, Mallarmé, e nos surrealistas – no livro *Rua de mão única*. Referindo-se à percepção de Mallarmé das tensões gráficas da publicidade na configuração da escrita, Benjamin avaliou que essa descoberta do poeta foi possível porque ele soube reconhecer o que se passava em sua época:

> A escrita, que no livro impresso havia encontrado um asilo onde levava sua existência autônoma, é inexoravelmente arrastada para as ruas pelos reclames e submetida às brutais heteronomias do caos econômico. Essa é a rigorosa escola de sua forma. Se há séculos ela havia gradualmente começado a deitar-se, da inscrição ereta tornou-se manuscrito repousando oblíquo sobre escrivaninhas, para afinal acamar-se na impressão, ela começa agora, com a mesma lentidão, a erguer-se novamente do chão. Já o jornal é lido mais a prumo do que na horizontal, filme e reclames forçam a escrita a submeter-se de todo à ditatorial verticalidade. E, antes que um contemporâneo chegue a abrir um livro, caiu sobre seus olhos um tão denso volume de letras cambiantes, coloridas, conflitantes, que as chances de sua penetração na arcaica quietude do livro se tornaram mínimas. Nuvens de gafanhotos de escritura, que hoje já obscurecem o céu do pretenso espírito para os habitantes das grandes cidades, se tornarão mais densas a cada ano seguinte.[83]

---

83 BENJAMIN, Walter. *Rua de mão única*. São Paulo: Brasiliense, 1995, p. 28.

A cultura urbana e a linguagem das ruas foi adquirindo uma importância cada vez maior na escrita de Benjamin desde *Rua de mão única*. Por isso mesmo, Rainer Rochlitz considera esse livro uma espécie de divisor de águas na trajetória de Benjamin.

> *Ao lado dos conselhos dispensados aos escritores e das observações sobre as mutações da mídia, podem-se distinguir alguns temas recorrentes em* Rua de mão única: *uma etnografia das cidades, reflexões sobre o amor, lembranças de infância, anotações de sonhos e comentários sobre a crise revolucionária da humanidade. Cada vez, Benjamin confronta-se com as fronteiras comumente admitidas entre as esferas do real. Metafórica ou literalmente, ele apaga a oposição entre vida pública e vida privada, exterior e interior (os móveis e a alma daquele que os habita), o humano e o animal, o pensamento consciente e o sonho; essas separações são, a seu ver, características do pensamento "burguês", responsável por toda abstração.*[84]

O sentido dessa virada, com sua concentração nos documentos,[85] está próximo do que veio a se manifestar no surrealismo e na primeira fase (1947-1958) da arte pop inglesa. No ensaio O *surrealismo* (1929) Benjamin se refere a Paris como o mais onírico dos objetos. O desvendamento dessa cidade e de seu rosto surrealista somente poderia ser feito através da subversão da ordem nela inscrita. O destaque dado por Benjamin ao livro *Nadja*, de Breton, publicado um ano antes do ensaio O *surrealismo*, está relacionado ao fato do personagem-título representar

---

84 ROCHLITZ, Rainer. O *desencantamento da arte*: a filosofia de Walter Benjamin. Bauru SP: EDUSC, 2003, p. 164.
85 Benjamin faz uma distinção importante entre arte e documento nas "Treze teses contra esnobes" em *Rua de mão única*.

a possibilidade de experimentação de um estado de embriaguês capaz de revelar a face surrealista da cidade.

As fotografias usadas no livro por Breton visavam a eliminação do texto descritivo.[86] No primeiro manifesto, escrito por Breton em 1924, encontramos uma dura crítica à forma do romance pelo emprego corrente que ele faz da descrição e da informação. Esse recurso, típico de estrutura do romance, faz dele um gênero inferior. Poucos romances, segundo Breton, se distanciam da pobreza típica de sua forma, e isso só acontece quando o sopro do maravilhoso anima o cérebro do escritor. Para resolver a estrutura narrativa, sem se perder em descrições, Breton contratou o fotógrafo Jacques-Andre Boiffard para captar imagens dos lugares percorridos por ele e Nadja em sua *flânerie*, guiada pelo desejo, que é sempre fugidio sem objetivo e sem consciência. O encontro com a cidade e com Nadja acontece ao mesmo tempo no livro.

Dirigindo o olhar para as imagens de revistas e cartazes de rua, alguns artistas ingleses começam a trabalhar no final da década de 1940 com colagens e fotografias. Prenunciando a arte pop, Eduardo Paolozzi reuniu num trabalho de 1947 (*I Was a Rich's Man Playing Thing*) as seguintes imagens: uma *pin-up*, uma garrafa de *Coca-Cola*, pedaços de um anúncio de alimentos, e a palavra "pop", escrita em um balão de revista em quadrinhos, aparece disparada por uma arma. Um traço dos artistas da

---

86 Comentando o uso da informação e da descrição nos romances, antes de exemplificá-las através da citação de um trecho do romance *Crime e castigo*, de Dostoievski, Breton escreveu no primeiro manifesto do Surrealismo: "Nada se compara ao seu vazio; são superposições de imagens de catálogo, o autor as toma cada vez mais sem cerimônia, aproveita para me empurrar seus cartões postais, procura fazer-me concordar com seus lugares-comuns". (BRETON, A. *Manifestos do Surrealismo*. São Paulo: Brasiliense, 1985, p. 37).

primeira geração da *pop-art* inglesa (como Eduardo Paolozzi, Richard Hamilton e Peter Blake), que também é comum a Benjamin, é o deslocamento operado em relação aos sistemas, de arte e da filosofia institucional, respectivamente, assim como o interesse pela fotografia, imagens de anúncios e outros documentos da cultura urbana. Pela maneira como são apropriados eles passam a sugerir ideias que subvertem as suas proposições comerciais e se transformam em arte.[87] A respeito da atitude desses artistas, o crítico Lawrence Alloway, um membro ativo desse grupo, que veio a se tornar conhecido como Grupo Independente (GI), assim se pronunciou:

> *Não sentíamos desagrado pelos padrões da cultura comercial como se verificava na maioria dos intelectuais: aceitávamo-los como um fato, discutíamo-los em pormenor e esgotávamo-los com entusiasmo. Um dos resultados de nossas conversas foi retirarmos a cultura pop do domínio da "evasão", da "pura distração", da "descontração", e abordá-la com a seriedade com que se discute a arte.*[88]

---

87 De acordo com o crítico de arte Lawrence Alloway, que participou ativamente da construção da *pop-art* inglesa, o GI nasceu dentro do Instituto de Arte Contemporânea (ICA é a sigla em inglês), de Londres, com o objetivo de debater novas ideias e apresentar novos conferencistas para um público mais amplo. O ICA passou a ser, no início dos anos 1950, um lugar de encontro de intelectuais e jovens artistas que ainda não tinham espaço no circuito de arte existente na época. O GI se assumiu formalmente como grupo pela primeira vez no inverno de 1952-1953, em encontros sob a orientação de Peter Reyner, que tinham como tema programático as técnicas. Alloway (1973, p. 34) revelou que foi convidado para falar num encontro, ao qual ele não compareceu, dedicado ao desenho de helicópteros. No ano seguinte o GI não se reuniu, mas em 1954-1955 ele retomou suas atividades sob a orientação de John McHale e de Alloway para tratar do tema da cultura urbana de massa: filmes, publicidade, música, etc.
88 ALLOWAY, Lawrence. "O Desenvolvimento da Arte Pop britânica" em: LIPPARD, Lucy. *A arte pop*. Portugal, Editorial Verbo, 1973, p. 35.

A primeira fase da *pop-art* inglesa foi marcada por três importantes exposições: "Paralelo da vida e da arte" (1953), "Homem, máquina e movimento" (1955) e "Isto é amanhã" (1955-1956). A primeira teve como motivação central o desejo de expandir os limites da arte colocando em questão o que era considerado "vida" e o que era considerado "arte". Não se tratava nesse caso de retomar a tentativa dos surrealistas de abolir as fronteiras entre a vida e a arte, mas de rever o sentido de ambas. Essa revisão semântica pode se expandir para todos os objetos e imagens porque, como observou Eduardo Paolozzi, objetos e imagens podem ser incorporados e assimilados de diversas maneiras: "O relógio como uma máquina de calcular ou uma joia, uma porta como um painel ou um objeto de arte, a máquina fotográfica como um luxo ou uma necessidade".[89]

"Paralelo da vida e da arte" reuniu cem imagens que em seu conjunto continham uma grande variedade de fotografias e radiografias. Trabalhos de grande formato foram colocados nas paredes e no teto da galeria do Instituto de Arte Contemporânea (ICA), de Londres, dispostas sem qualquer relação, semelhante ao procedimento adotado por Benjamin em *Rua de mão única*. A intenção era apresentar as imagens como documento, sem mediação de teorias. Tanto pela iconografia quanto pela organização do espaço, a exposição conseguiu produzir, segundo Alloway, um "deslocamento" no mundo da arte.

Em 1955, "Homem, máquina e movimento", exposição também realizada no ICA, aprofundou o aparente anti-intelectualismo revelado na mostra anterior explorando a diversidade e quantidade de imagens da cultura urbana. Nesse mesmo ano, o mais notável acontecimento da *pop-art* inglesa, a exposição

---

89 PAOLOZZI, *apud* ALLOWAY, L., Ibid., p. 41.

"Isto é amanhã", através dos 12 grupos diferentes que participaram do evento na Galeria Whitechapel, deu maior visibilidade às questões ambientais latentes nas duas primeiras exposições do GI. No conjunto apresentado merece destaque o grupo de Richard Hamilton, McHale e John Voelcker. Eles "construíram um modelo de arquitetura de parque de diversões com falsa perspectiva, pavimento liso e luz escura no interior; o exterior, coberto de citações da cultura popular, incluía Marilyn Monroe, uma enorme garrafa de cerveja, um robô recortado de 5,18 metros de altura com uma rapariga do filme publicitário relativo a *Planeta proibido*. O catálogo incluía uma colagem de Hamilton, *o que é que torna os lares de hoje tão diferentes, tão atraentes?*, inventário da cultura popular: teto lunar, homem musculoso, rapariga nua, uma imagem de Al Jolson do *Cantor de Jazz*, uma inovação tecnológica do cinema (o advento do som), e outra inovação, fita magnética, no primeiro plano".[90]

A forma como os documentos da cultura urbana são apropriados por Richard Hamilton e Peter Blake, por exemplo, produz uma reviravolta em sua significação, há uma espécie de conversão dos documentos em obras de arte. Os elementos da cultura de massa que mais interessam a Blake fazem parte do mundo infantil e juvenil: brinquedos, parques de diversão, histórias em quadrinhos, cantores de rock (Elvis Presley e Cliff Richard, principalmente) e artistas de cinema. Tudo isso envolto num clima de nostalgia e com uma carga emocional bem diferente do tom irônico e da frieza de Hamilton. *On the Balcony* (No balcão), pintado por Blake entre 1955 e 1957, é considerada uma das primeiras obras primas do pop britânico. Numa exposição no Instituto de

---

[90] ALLOWAY, Lawrence. "O desenvolvimento da arte pop britânica" em: LIPPARD, Lucy. *A arte pop*. Portugal, Editorial Verbo, 1973, p. 46.

Arte Contemporânea, de Londres, em 1960, Blake mostrou uma série de trabalhos misturando pintura e colagem. Imagens de artistas de cinema, cantores, emblemas e *pin-ups* dividiam o espaço com superfícies pintadas em esmalte. Um ano depois, em 1961, Blake reúne na colagem *Love Wall* (Muro do amor) uma grande diversidade de imagens do amor e em 1962, em *Toy Shop* (Loja de brinquedos), um conjunto de objetos relacionados ao universo infantil aparece através de uma estrutura que é vitrine e janela ao mesmo tempo. Ao seu lado uma porta em tamanho natural, e entre as duas uma bandeira da Inglaterra, colocada em posição vertical, indica a raiz cultural desse mundo em miniatura.

A forma como as cidades e a cultura urbana aparecem na obra de Walter Benjamin, *Imagens do pensamento*, também é muito sugestiva. A vida em Nápoles, Moscou, Paris e Marselha foi gravada em imagens onde se encontram em perfeita união observação e comentário. Sobre Nápoles Walter Benjamin escreveu:

> *Travessas permitem que o olhar resvale, por sobre degraus sujos, para dentro de botequins, onde bebem três ou quatro homens sentados, isolados e ocultos atrás de tonéis como se fossem colunas de igrejas. (...) Usam-se prédios como palcos populares.* Toda gente os divide num sem-número de áreas de representação simultaneamente animadas. Balcões, átrios, janelas, portões, escadas, telhados, são ao mesmo tempo palco e camarote. (...) Toda a alegria é transportável: música, brinquedo, sorvete se alastram pelas ruas. (...) No alto, por cima das ruas, se estendem varais onde as roupas se penduram como flâmulas ordenadas. (...) A pantomima é aqui mais usada do que em qualquer outra parte da Itália. Para o forasteiro a conversa é insondável.[91]

---

91 BENJAMIN, Walter. *Rua de mão única*. São Paulo: Brasiliense, 1995,

A cidade é vista e pensada ao mesmo tempo. A acuidade para os detalhes e pormenores revelada em "Nápoles" também está presente em "Moscou". A estadia conturbada de Benjamin nessa cidade aconteceu no período de 6 de dezembro de 1926 ao final de janeiro de 1927. Gershom Scholem considera *Diário de Moscou* um escrito único porque é o documento "mais pessoal, total e impiedosamente franco que possuímos sobre um período importante"[92] da vida de Benjamin.

Numa carta enviada a Martin Buber em fevereiro de 1927, Benjamin faz declarações a respeito da forma do ensaio "Moscou", escrito para a revista de Buber *Die Kreatur* (A criatura), que são muito interessantes. Especialmente importante para a questão que estamos tratando é a sua revelação de que tinha a intenção de pensar através de imagens, sem a mediação de conceitos e teorias, indo direto ao fato, como revela o trecho da carta que reproduzimos em seguida:

> *Minha colocação guardará distância de toda e qualquer teoria. (...) Quero, neste momento, apresentar a cidade de Moscou de tal forma que "todo o factual já seja teoria", e, assim, me abster de qualquer prognóstico, e até, dentro de certos limites, de qualquer julgamento.*[93]

A força das imagens captadas da cidade de Moscou por Benjamin fazem jus às intenções reveladas nessa declaração. Em inúmeras passagens as referências ao movimento das pessoas,

---

p. 148/154.
92 SCHOLEM, Gershom. *Walter Benjamin: a história de uma amizade.* São Paulo: Perspectiva, 1989, p. 11.
93 BENJAMIN, W. *Apud* SCHOLEM, G. in: BENJAMIN, W. *Diário de Moscou.* Prefácio de Gershon Scholem. São Paulo: Companhia das Letras, 1989, p. 13.

aos sons, ao ritmo da vida e às cores são sugestivas e luminosas, os trechos reproduzidos abaixo falam por si:

> A Moscou hibernal é uma cidade silenciosa. A enorme movimentação de suas ruas transcorre sem ruído. A neve é que faz isso. Mas também o faz o atraso no tráfego. Sinais de trânsito regem a orquestra da cidade grande. Mas, em Moscou, antes de tudo, há poucos automóveis. Só são mobilizados em matrimônios e falecimentos ou pela apressada administração. À noite, de fato, dispõem de faróis mais fortes que os permitidos em qualquer outra metrópole. E o cone de luz investe de modo tão ofuscante que quem é por ele atingido, desamparado, não ousa sair do lugar. Em frente ao portão do Kremlin, permanecem na luz ofuscante as sentinelas, que trajam insolentes peliças amarelo ocre. Sobre elas cintila o sinal vermelho que coordena a passagem do tráfego. Todas as cores de Moscou se reúnem aqui, no centro do poder russo, prismaticamente. Feixes de luz de faróis super potentes caçam na multidão.[94]

Além dessas referências sobre a conexão pensamento, imagem e cidade, incluo no recorte deste livro os cartazistas franceses pela importância que tiveram em sua época, atualidade de suas posições e também pela postura crítica assumida por eles no contexto da "guerra fria" e em relação à afirmação da hegemonia cultural americana após a Segunda Guerra Mundial. Não por acaso, nosso percurso na Europa começa com a flânerie de Baudelaire e termina com a flânerie de Raymond Hains.

De acordo com os estudos de Catherine Bompuis sobre o tema, em meados do século XX, em plena "ditadura do abstracionismo" e triunfo da Action Painting, as disputas na França

---

94 BENJAMIN, Walter. *Rua de mão única*. São Paulo: Brasiliense, 1995, p. 157.

envolviam a arte figurativa, o realismo socialista e a arte abstrata. Nesse contexto aparecem jovens artistas na arte francesa que, seguindo o princípio da apropriação, colocaram em questão a redução da interrogação artística ao espaço do quadro. Na forma de apropriação dos cartazes de rua por Raymond Hains e Jacques de La Villeglé existe uma fina ironia em relação ao mundo da arte, uma postura iconoclasta semelhante à do dadaísmo. A técnica de ambos é bem diferente da que era usada pelos artistas ingleses do Grupo Independente em suas apropriações das imagens da cultura urbana. Bompuis ressalta nas ações dos cartazistas a postura crítica:

> *Hains e Villeglé olham o mundo como um quadro. A atitude provocadora e intercambiável dos papéis e das regras do jogo leva esses experts a designar como arte os objetos que expõem à crítica do mundo. O cartaz dilacerado testemunha uma consciência coletiva e política, simboliza uma forma de protesto. O artista escolhe aquilo que, da história do mundo, deve ser salvo. (...) A apropriação supõe um processo de identificação assim anunciado pelos dois artistas: "Nós não descobrimos os cartazes, fomos descobertos por eles" (Villeglé). "Inventar é ir além de minhas obras. Minhas obras existiam antes de mim, mas ninguém as via porque cegavam os olhos" (Hains).*[95]

O antissubjetivismo é fundamental nessas afirmações. A apropriação da cultura visual urbana feita pelos cartazistas não pretende extrair do real elementos para a pintura, mas substituir o pictural pelo real. Plasticamente os cartazes dilacerados

---

95 BOMPUIS, C. ARAÚJO, C. D'ANGELO, M. VINHOSA, L. ; Poiesis n. 11, Niterói, Programa de Pós-graduação em Ciência da Arte, IACS/UFF, 2008, p. 179.

têm a mesma aparência sofisticada das pinturas do expressionismo abstrato, mas isso não reduz em nada a proposta desses artistas, que desde o seu título – *action non-painting* – potencializam sua crítica ao sistema de arte e a algumas produções eleitas por ele como referência para a arte em geral.

Concluo minhas observações sobre a conexão pensamento-imagem-cidade destacando no coração da arte pós-moderna, que também é chamada de antiarte, a "arte ambiental" de Hélio Oiticica. Como salientou Mário Pedrosa, no marco entre modernidade e pós-modernidade, iniciado com a *pop-art*, o Brasil tem uma participação fundamental. Reforçando o antissubjetivismo em voga na época, Hélio Oiticica, cujo padrinho longínquo é o poeta d'*As flores do mal*,[96] entrega-se a um rito de iniciação na periferia da cidade do Rio de Janeiro, no morro da Mangueira. Foi com essa experiência que Oiticica passou da pureza visual para uma fruição em que o corpo inteiro se entrega a uma total sensorialidade. Como observou Mário Pedrosa:

> Com efeito, a pura e crua totalidade sensorial, tão deliberadamente procurada e tão decisivamente importante na arte de Hélio Oiticica, é afinal marejada pela transcendência a outro ambiente. Neste, o artista, máquina sensorial absoluta, baqueia vencido pelo homem, convulsivamente preso nas paixões sujas do ego e na trágica dialética do encontro social.[97]

---

96 PEDROSA, Mário. "Arte ambiental, arte pós-moderna, Hélio Oiticica". Em: FERREIRA, Glória (Org.) *Crítica de arte no Brasil: temáticas contemporâneas*. Rio de Janeiro: FUNARTE, 2006, p. 144.
97 PEDROSA, Mário. "Arte ambiental, arte pós-moderna, Hélio Oiticica". Em: FERREIRA, Glória (Org.) *Crítica de arte no Brasil: temáticas contemporâneas*. Rio de Janeiro: FUNARTE, 2006, p. 145.

Atribuindo ao inconformismo de Hélio Oiticica uma ancestralidade anarquista, o crítico reconhece nos bólides, capas, estandartes, tendas e parangolés a criação de um espaço novo, que combina um radical refinamento estético com uma aguda percepção social. Nesse percurso de Baudelaire a Hélio Oiticica, nos reportamos a obras de arte de diferentes épocas que têm em comum uma profunda sintonia com as transformações urbanas. A partir das observações feitas podemos concluir que foi no embate com a cidade e suas instituições que o artista moderno redefiniu seu papel histórico, ampliou sua capacidade de elaboração teórica e se politizou. O alcance dessas transformações indica a existência de um vasto campo de pesquisa empírica sobre a arte moderna a ser explorado pelos estudiosos.

5 ESCRITA E MEMÓRIA: DOS HIERÓGLIFOS AOS TEXTOS ELETRÔNICOS

A leitura do mundo precede a leitura da palavra.[98]

Paulo Freire

De modo semelhante ao que aconteceu com a fotografia em relação à pintura, o cinema em relação ao teatro, o fim da escrita hieroglífica e o surgimento da escrita fonética levaram a uma redefinição da linguagem oral. Ao gravar o som das palavras, a escrita fonética inicialmente aparece como uma duplicação da linguagem oral. Na verdade, o que ocorre é um processo de transcodificação que estabelece a autonomia da escrita em relação a oral e, ao mesmo tempo, uma dependência entre essas duas linguagens.

Para nós hoje, qualquer investigação a respeito da linguagem oral e escrita tende a se desenvolver a partir da distinção sobre as possibilidades e especificidades de cada uma delas. Seria muito difícil, senão impossível, atualmente, colocar em xeque a importância ou a necessidade da escrita. Podemos, entretanto, perceber o sentido de um questionamento radical sobre o papel da escrita em seus primórdios, recorrendo ao trecho final do *Fedro*, de Platão, onde se trava uma discussão sobre a arte oratória. Nessa parte do diálogo, Platão apresenta a questão: deve-se ou não reprovar Lísias por redigir seus discursos? É bom ou mau escrever?

---

98 FREIRE, Paulo. *A importância do ato de ler*. São Paulo: Cortez, 1982. (Polêmicas de Nosso Tempo 4), p. 11.

O mito de Thoth, extraído da tradição egípcia, apresentará a chave para a resposta.

De acordo com a lenda, o deus Thoth seria o inventor de inúmeras técnicas, entre elas a escrita. Ao apresentar sua invenção ao rei Tamuz, este se mostra reticente. Falando através das interpretações de Sócrates sobre a lenda, Platão procura alertar sobre os perigos da escrita. Aparentemente, a escrita amplia a memória, mas só aparentemente. Na realidade ocorre o contrário. A confiança nos novos signos favorecerá tanto a preguiça quanto a presunção intelectual. O texto escrito apresenta quatro graves problemas: ele é estático e fechado sobre si mesmo, depois de publicado é de todos e de ninguém ao mesmo tempo; dirige-se da mesma maneira aos sábios e aos ignorantes, e, por último, ele é incapaz de defender-se ou polemizar com os leitores. Em sua crítica à escrita, Platão toma como padrão de comparação a linguagem oral, evidentemente. Mas seu principal objetivo não é afirmar a supremacia dessa linguagem e sim sustentar a tese: "saber é relembrar", através da articulação *mnêmê* (memória) e *anamnêsis* (reminiscência).

Sem dúvida, o ato de escrever permite a sobrevivência da informação, mas, considera Platão, é precisamente a *fixação* da palavra que retira a sua vida. Na verdade, a escrita alimenta a preguiça ao acostumar o espírito a procurar fora de si um conhecimento elaborado por outros. Também incita à pretensão, pois bastará ter lido muito para acreditar-se sábio. A verdade não se deixa aprisionar num texto inerte, indiferente a quem ele se dirige. À semelhança da própria vida, a verdade é partilha, conflito, mudança. Como observou Genevieve Droz,[99] "certamente Platão pressentiu como um risco, ou simplesmente sentiu como

---

99 DROZ, Geneviève. *Os mitos platônicos*. Brasília: Ed. UnB, 1997, p. 171.

Merleau-Ponty vinte séculos depois, que a filosofia posta em livros deixaria de interpelar os homens".

Invertendo o raciocínio platônico, a tradição religiosa judaica trabalha a relação entre linguagem oral e escrita visando, exatamente, viabilizar a ligação entre a escrita e a vida através da oralidade. Inspirado nessa tradição do judaísmo, Walter Benjamin criou uma forma de leitura onde o texto profano é tratado como um texto sagrado. Em sua materialidade linguística, todo texto é fixo e indissociavelmente ligado a uma época, que deve ser reconhecida previamente pelo leitor. Por outro lado, todo texto muda porque o mundo a sua volta não para de mudar. Nesse caso vale lembrar o pensamento de Paulo Freire que escolhemos como epígrafe: *a leitura do mundo precede a leitura da palavra.* A distância histórica e cultural que separa o leitor de uma obra deve ser superada para que o significado desta possa aparecer. A leitura de um romance de época pressupõe, portanto, uma articulação entre várias disciplinas. As modalidades de memória existentes nessa articulação envolvem tanto a História oficial quanto as memórias pessoais e coletivas. Por conta dessa complexidade, o poder de alguns textos só se manifesta quando existem mediadores capazes de articular memória e escrita.

Essas ideias suscitam reflexões sobre as práticas educativas de uma maneira geral, assim como sobre o relacionamento entre escrita e oralidade na cultura escolar. Tomando-se como referência os trabalhos de Jack Goody e Vygotsky sobre os efeitos da escrita no âmbito individual e coletivo, dois aspectos devem ser destacados: em primeiro lugar, o poder emancipador da escrita só se afirma através das relações que a sociedade mantém com ela, como vieram a demonstrar os estudos antropológicos de Goody em *A domesticação do pensamento selvagem*; em segundo lugar, a escrita não se reduz a um meio de comunicar o pensamento, ela é o suporte material que possibilita uma nova maneira de objetivar o pensamento. A escrita, segundo Vygotsky, permite um grau de elaboração lógica inacessível à linguagem oral.

Em seu desenvolvimento histórico, escrita e oralidade se interpenetram, nos processos de difusão da escrita encontramos cinco momentos marcantes. Inicialmente, o rolo (*volumen*) da Antiguidade introduz uma mobilidade inexistente na escrita gravada nos suportes das escritas monumentais, ou "expostas". A função primordial desse tipo de escrita era publicizar o poder de classes, grupos e/ou indivíduos. Mas o caráter público não garantia a democratização da informação necessariamente. Muitas vezes o texto era colocado em locais pouco acessíveis quase como elemento decorativo, podendo ainda estar gravado numa língua cujo domínio é bastante restrito.

A terceira grande mudança nos processos de difusão da escrita, após as escritas monumentais e o rolo, acontece entre os séculos II e IV d. C., quando começa a se difundir o livro com folhas e encadernado nos moldes que conhecemos hoje; e a quarta mudança importante ocorre no século XIV, com os primeiros livros unitários, manuscritos, em língua vulgar. Bocaccio e Petrarca são os primeiros a publicar textos poéticos em língua vulgar, abrindo o caminho para o abandono do latim na literatura europeia. Mas até 1637, quando Descartes publica o *Discurso do Método* em francês, ainda eram poucas as publicações de caráter filosófico e científico escritas em outra língua que não fosse o latim.

Na modernidade (século XVI a XIX), prolifera uma escrita exposta popular em quadros de ex voto, nas pedras comemorativas das corporações, nas ruas com as tabuletas das lojas, em anúncios manuscritos e nas casas particulares em objetos da vida cotidiana. Os modelos vêm das imagens correntes e dos livros "populares" vendidos por ambulantes. Alguns escritos expostos como libelos e pasquins trazem um conteúdo subversivo, difamam indivíduos, ridicularizam os poderosos e denunciam os poderes. Segundo Chartier[100] essas diferentes manifestações da escrita popular:

> *Traduzem as aspirações de uma população semialfabetizada que disputa com os grandes e os poderosos seus monopólios sobre a escrita visível. Se as escritas expostas são um dos instrumentos utilizados pelos poderes e pelas elites para enunciar sua dominação – e conquistar adesão – são também uma forma de os mais fracos manifestarem sua existência ou afirmarem seus protestos.*

Com a invenção da imprensa, no século XV, inicia-se a técnica de impressão de livros que vem sendo aperfeiçoada e utilizada até hoje. Para se ter uma ideia do alcance dessa mudança, vale dizer que somente neste século, em Veneza, maior centro editorial do mundo, foram impressos aproximadamente 4.500 títulos, perfazendo um total de 2 milhões de cópias. A concorrência entre os livreiros era grande, com 500 casas impressoras. Algumas, através de espionagem industrial, obtinham provas de um livro em processo de edição e produziam uma edição rival simultaneamente. No século XVI calcula-se que tenham sido impressos em Veneza 18 milhões de livros. Como observou Burke[101] (2003, p. 147), não por acaso o primeiro direito autoral concedido a um escritor foi em Veneza nesse período.

A partir do século XVII, com a relativa tolerância religiosa existente em Amsterdã, a Itália é superada na produção de livros.

---

100 CHARTIER, Roger. *Os desafios da escrita*. São Paulo: UNESP, 2002, p. 80.
101 BURKE, Peter. *Uma história social do conhecimennto de Gutemberg a Diderot*. Rio de Janeiro: Jorge Zahar, 2003, p. 147.

Mas no século seguinte Londres passa a ocupar o primeiro lugar mundial no ramo editorial. A expressão "the trade" (o comércio) já era então aplicada aos livreiros. A expansão desse comércio não estava, evidentemente, dissociada da mercantilização do trabalho intelectual; à medida que aumentava o lucro nesse ramo de negócios, criavam-se os mecanismos para garantir direitos ao autor. No final do século XVIII, Adam Smith já havia percebido e revelado as raízes mais profundas de todo esse processo, como demonstra sua afirmação:

> Em sociedades opulentas e comerciais, pensar e raciocinar tornam-se, como qualquer outra atividade, uma função particular, que é exercida por muito poucos, aos quais cabe prover o público do pensamento e razão ostentados pelas vastas multidões que trabalham.[102]

O ingresso das sociedades ocidentais na cultura escrita constitui, segundo Philippe Ariès, uma das principais transformações da época moderna. A leitura silenciosa, surgida no decorrer desse período, ao estabelecer uma forma de relação com a escrita pautada numa esfera de intimidade, amplia a distância entre indivíduo e coletividade. Em todos os níveis de escolaridade se consagrou a superioridade da escrita em relação à oralidade. Como observou Claude Grignon,[103] a escola fez e continua fazendo o que havia feito a Igreja: ela é o principal agente de difusão da língua internacional dominante (primeiro o latim se firmou como língua culta, depois o francês e hoje o inglês é a

---

102 SMITH, Adam. Citado por WILLIAMS, Raymond. *Cultura e sociedade*. São Paulo: Companhia Editora Nacional, 1969, p. 57.
103 GRIGNON, Claude. "Cultura dominante, cultura escolar e multiculturalismo popular" em: SILVA, Tomaz Tadeu (Org.) *Alienígenas em sala de aula*: uma introdução em estudos culturais em educação. Petrópolis: Vozes, 1995, p. 180.

linguagem usada na comunicação comercial técnica e científica). Os grupos e classes que não dominam a língua usada internacionalmente tendem a se sentir inferiorizados intelectualmente. Na literatura o impacto da escrita sobre a cultura oral se revela através do abandono de alguns tipos de narrativa.

A criação do romance como gênero não aconteceu na modernidade por acaso, sendo visível sua sintonia com as mudanças em curso na cultura burguesa. Em seus estudos sobre o romance Lukács[104] observou que enquanto o herói épico é a voz da coletividade, o herói do romance está sempre em oposição à coletividade, e é precisamente a sua dificuldade de integrar-se que constitui o centro da narrativa. É compreensível, portanto, que o protótipo do herói do romance seja o transgressor, o pária, o louco, ou o indivíduo que resiste à realidade presente e se apega ao passado, como Dom Quixote, por exemplo. É sugestivo que a origem da loucura de Dom Quixote seja atribuída por Cervantes às leituras solitárias dos romances de cavalaria. Segundo Lukács, o romancista está sempre tentando forjar na estrutura do texto uma forma de conciliação entre o homem e o mundo. A inspiração hegeliana que fundamenta a análise lukacsiana do romance transpõe para o âmbito literário a exigência de uma identidade entre sujeito e objeto, e a busca de uma visão de totalidade capaz de se contrapor à fragmentação e reificação do mundo capitalista moderno e contemporâneo.

Sintonizada com a valorização crescente da escrita, a pedagogia moderna desde Comenius tende a desvalorizar o trabalho da memória, compreendida de forma mecanicista e próxima da alegoria cartesiana do corpo como uma espécie de relógio.

---

104 LUKÁCS, *A teoria do Romance*. São Paulo: Duas Cidades; Ed. 34, 2000.

Jacques Le Goff[105] chamou atenção para o fato de a partir de Claparède ter se estabelecido uma verdadeira oposição entre inteligência e memória. Apesar de inúmeros estudos revelarem o esquematismo e a inconsistência dessa oposição, ainda hoje está muito presente no campo pedagógico brasileiro a compreensão dos processos da memória como puramente automáticos, o que dificulta uma ressignificação da memória nas práticas escolares. Segundo a avaliação de Souza,[106] primeiro a crítica à memorização, depois à função da escola como memória social, acabou por colocar em crise a própria cultura escolar. Sergundo a autora, um traço marcante da cultura escolar brasileira é o culto à novidade e a negatividade de tudo o que é passado.

Em *Tristes Trópicos*, Levy-Strauss faz uma avaliação semelhante a essa quando se refere à relação dos estudantes da USP (Universidade de São Paulo) com a cultura do passado. Seu depoimento, apresentado com base na experiência vivida nessa universidade, demonstra o estranhamento que certas atitudes lhe causaram, quando aqui chegou em 1935:

> *Quanto aos nossos estudantes, queriam saber de tudo (...) os meus colegas e eu sentíamo-nos por vezes embaraçados: treinados para respeitarmos apenas as ideias amadurecidas, víamo-nos às voltas com os assédios de estudantes que manifestavam uma ignorância total quanto ao passado, mas que mantinham sempre um avanço de alguns meses, em relação a nós, quanto à informação.*

O rastreamento das origens desse tipo de mentalidade nos leva, evidentemente ao processo de colonização brasileiro,

---

105 LE GOFF, J. *História e memória*. Campinas SP: UNICAMP, 1990.
106 SOUZA, Maria Cecília. *A escola e a memória*. Bragança Paulista: EDUSF, 2000, p. 25.

e ao elitismo da cultura letrada no Brasil desde o século XVI. Quando na Europa as línguas nacionais começam a se impor em relação ao latim, e se inicia uma democratização da escrita, no Brasil as línguas nacionais começam a ser substituídas pelo *Nheengatu*, ou língua geral, mistura de tupi com português, ou como define Ribeiro[107] "o esforço de falar tupi com boca de português". A pluralidade linguística (tupi, língua geral, português, latim) existente no Brasil até o século XVIII foi se extinguindo a partir de 1759, quando o Marquês de Pombal impõe o português como língua oficial do Brasil, e proíbe o uso do *Nheengatu*.

A unidade linguística no Brasil foi se forjando, portanto, a partir do século XVIII, com a imposição da língua e da cultura dos colonizadores portugueses. Esse processo não poderia ocorrer sem traumas e problemas de identidade e autoestima. Atitudes como as que foram descritas por Lévy Strauss estão enraizadas no caldo de cultura caracterizado pela intolerância, exploração e violência, que marcam a constituição do Brasil. Mas, apesar da violência do processo civilizador, a língua que falamos e escrevemos não é a mesma de Portugal. Essa diferença se firmou no século XIX, com a criação de uma gramática brasileira que legitimou regras e particularidades na escrita. O que restou da pluralidade linguística das nossas origens é muito pouco, recentemente o *Nheengatu* foi declarado uma das línguas oficiais do município de São Gabriel da Cachoeira (Amazonas). Segundo as fontes utilizadas por Ferreira Junior e Bittar[108] a sobrevivência do *Nheengatu* nessa região se deve à migração

---

107 RIBEIRO, D. *O povo brasileiro: a evolução e o sentido do Brasil.* São Paulo: Companhia das Letras, 1995, p. 122.
108 FERREIRA JÚNIOR, Amarilio; BITTAR, Marisa. "Pluralidade linguística, escola de bê-á-bá e teatro jesuítico no Brasil do século XVI". *Educação e Sociedade.* Campinas, SP. Vol. 25, n. 86, abr. 2004, p. 190.

ocorrida em 1877, quando 500 nordestinos que ainda falavam língua se embrenharam na floresta fugindo da seca que assolava seu território de origem. Apesar de ser um acontecimento isolado em nossa história, o reconhecimento do *Nheengatu* em São Gabriel tem um simbolismo importante. Ele representa a reconciliação com uma parte de nossa cultura soterrada pelo processo de colonização, e uma forma de valorização da resistência a esse processo.

O trânsito entre universos culturais e linguísticos muito diferentes pode trazer revelações surpreendentes para um observador atento. Esse é o caso das articulações entre pensamento e linguagem reveladas no estudo "Reflexões sobre Escrita, Educação Indígena e Sociedade" realizado por Eni Orlandi, a partir do contato com uma experiência de alfabetização com índios brasileiros. Se em nossa escola considera-se que a dificuldade é escrever, o mesmo não acontece nas sociedades indígenas, onde a escrita é estruturada a partir da oralidade. "Escrever é fácil, o difícil é falar, é pensar", Orlandi revela que foi essa fala, repetida inúmeras vezes por vários índios durante a pesquisa, que evidenciou o modo como eles relacionam escrita/oralidade. Entendendo a língua como fato social, Eni Orlandi procura revelar as correspondências entre a forma da língua e a forma da sociedade. Por isso mesmo, ela não opõe escrita e oralidade ao modo de uma tipologia. O reconhecimento das inúmeras possibilidades na relação escrita/oralidade permitiu a interpretação da fala dos índios referente à "facilidade" da escrita e, ao mesmo tempo, a percepção sobre o esvaziamento da oralidade em nossa cultura:

> ... tenho a convicção de que o que chamamos oralidade praticamente já não existe em nossa cultura ocidental cristã. Sendo a nossa uma

sociedade da escrita, a oralidade se esgueira de forma marginal em situações muito particulares e que são rupturas em relação à nossa ideologia dominante da escrita. Mesmo quando pensamos estar na oralidade, estamos na oralização da escrita. Nossos enunciados já têm a forma material da escrita, no modo mesmo em que se configura nossa memória discursiva. E, cada vez mais, as tecnologias da escrita se sofisticam, se naturalizam, deixando pouco espaço para a irrupção da oralidade. No entanto, sociedades como a indígena, cuja história de relação com a escrita é outra, podem nos fazer refletir de maneira muito produtiva sobre essa tecnologia – a da escrita – que deu ao Ocidente forma de dominação potente homogeneizante e duradoura. (...) A escrita, numa sociedade de escrita, não é só um instrumento: é estruturante. Isso significa que ela é lugar de constituição de relações sociais, isto é, de relações que dão configuração específica à formação social e a seus membros. A forma da sociedade está assim diretamente relacionada com a existência ou a ausência da escrita. Isso porque, na perspectiva discursiva, a escrita especifica a natureza da memória, ou seja, define o estatuto da memória (o saber discursivo que determina a produção dos sentidos e a posição dos sujeitos), definindo assim, pelo menos em parte, os processos de individualização do sujeito.[109]

Resumindo, trata-se de ver a própria escrita como trabalho da memória que estrutura as relações sociais de maneira específica. Em nossa sociedade a relação com a escrita começa muito antes de seu aprendizado. A estrutura da língua, a gramática, o dicionário, são construções histórico-sociais que perpassam a relação com a escrita e ampliam o significado de seu domínio técnico propriamente dito. A trajetória da escrita

---

109 ORLANDI, Eni. P. *Língua e conhecimento linguístico: para uma história das ideias no Brasil*. São Paulo: Cortez, 2002, p. 232.

(e sua relação com a oralidade), dos hieróglifos aos textos eletrônicos, revela que, para entender o processo através do qual os textos são elaborados e adquirem sentido, é preciso considerar não só a materialidade linguística e o objeto que serve de suporte aos textos, mas também as práticas envolvidas em sua circulação.

O desconhecimento dessa relação faz com que muitas questões relativas à linguagem e à escrita sejam ignoradas ou vistas sem distanciamento e criticidade pelos educadores. Que consequências pode ter, por exemplo, a imposição de um inglês padronizado e artificial no mundo da comunicação eletrônica? Atualmente, apenas 8% dos alunos dos colégios ou universidades americanas aprendem uma língua estrangeira. Segundo as mesmas fontes,[110] a pluralidade linguística na rede eletrônica mundial também é muito reduzida. Hoje, 47,5% da população on line mora em países de língua inglesa, contra 9% para língua chinesa, 8,6% para o japonês, 6,1% para o alemão, 4,5% para o espanhol, 3,7% para o francês e 2,5% para o português.

Mais monolinguístico que poliglota, o mundo da comunicação eletrônica apresenta uma possibilidade de produção e circulação de textos e informações que ultrapassa a capacidade de apropriação dos leitores. O crescimento gigantesco do volume de textos e informações nas redes eletrônicas produz o que Baudrillard chama de *sistemas obesos*, responsáveis pelo fenômeno identificado e denominado por ele de *inércia por aceleração*. Um exemplo citado pelo autor para ilustrar tal situação é o caso da *Esso*: o governo americano pediu a essa multinacional um relatório global de todas as suas atividades no mundo. Resultado: doze volumes de mil páginas, cuja leitura e análise exigiria muitos anos de trabalho.

---

110 CHARTIER, Roger. *Os desafios da escrita*. São Paulo: UNESP, 2002, p. 19.

Onde está, nesse caso, a informação?[111] A obesidade e a saturação dos sistemas de memórias conduz a uma situação de inércia.

As novas tecnologias eletrônicas, e as tecnologias em geral, ao mudarem as formas de armazenamento e acesso das memórias humanas, colocam em discussão o próprio sentido do que é *memória*, e nesse debate as funções da oralidade e da escrita também são repensadas. As preocupações de Sócrates e Platão com a escrita e as de Baudrillard com a eletrônica são semelhantes, ambos apreendem mudanças profundas no mundo humano observando a construção da memória no movimento próprio à dialética da cultura.

---

111 BAUDRILLARD, Jean. *Lês Estratégies Fatales*. Paris: Éditions Grasset e Fasquelle, 1983, p. 13.

6   FILOSOFIA E EPISTEMOLOGIA: UM BREVE HISTÓRICO A PARTIR DE PIAGET

> *Nada permite classificar definitivamente um problema como metafísico ou científico.*
>
> Jean Piaget[112]

Ao contrário das abordagens que buscam uma estreita solidariedade entre epistemologia e filosofia, como as de Bachelard e Foucault, a perspectiva de Jean Piaget reivindica e afirma o caráter científico da epistemologia, enfatizando a necessidade e a possibilidade de uma demarcação clara entre epistemologia científica e filosofia. A insistência de Piaget nesse ponto fica muito nítida no primeiro capítulo de seu livro *Sabedoria e Ilusões da Filosofia*, que recebeu o sugestivo título "Narração e análise de uma desconversão". Nele o autor narra como ocorreu seu gradativo afastamento da filosofia e a aproximação cada vez maior da pesquisa científica. Todavia, não se trata para Piaget de delimitar territórios de forma rígida, classificando apriorística e definitivamente os problemas como filosóficos ou científicos, mas de optar claramente por uma forma de abordagem.

> *Não existe nenhuma diferença de natureza entre os problemas cognitivos filosóficos e científicos, mas somente uma diferença em sua delimitação ou especialização e, sobretudo, nos métodos, quer*

---

112 PIAGET, Jean. *Sabedoria e Ilusões da Filosofia*. São Paulo: Difusão Européia do Livro, 1969, p. 46.

sejam simplesmente reflexivos ou fundados sobre uma observação sistemática ou experimental para os fatos e sobre algorítimos rigorosos para dedução.[113]

Muitos problemas considerados durante muito tempo como eminentemente filosóficos passaram a ser estudados cientificamente.

Em sua abordagem sobre a relação ciência/filosofia, Piaget revela a gradativa separação delas na própria gênese da epistemologia científica. A pergunta que antecede e orienta sua análise das principais variedades epistemológicas existentes na história do pensamento ocidental é sugestiva: foram os progressos científicos que levaram à construção dos grandes sistemas filosóficos, ou foram as sínteses integradoras dos filósofos que provocaram os avanços das ciências? O que Piaget pretende com essa pergunta é estabelecer uma diferenciação entre ciência e filosofia no próprio seio de uma situação de indiferenciação. A tese defendida por ele é que os maiores sistemas da história da filosofia nasceram todos de uma reflexão sobre as descobertas científicas de seus próprios autores ou de uma revolução científica própria à sua época. Piaget sustenta sua afirmação revelando as ligações de Platão (428-348 a.C.) com a matemática, as de Aristóteles (348-322 a.C.) com a lógica e a biologia, as de Descartes (1596-1650) com a álgebra e a geometria analítica, as antecipações de Locke (1632-1704) e Hume (1711-1776) da psicologia, os envolvimentos de Kant (1724-1804) com a ciência newtoniana e o papel desempenhado por Hegel (1770-1831) na construção de uma sociologia dialética.

Analisando a primeira dessas variedades, o *realismo transcendental* de Platão, Piaget admite que a projeção das estruturas

---

113   Ibid., p. 49.

do conhecimento para um mundo suprassensível, o "mundo das ideias", foi motivada pela crise irrompida na matemática, mais particularmente na escola de Pitágoras, com a "descoberta" dos números irracionais. Essa crise atingiu Platão, pois suas ligações com os pitagóricos eram muito estreitas. A crença desses de que o número estava "nas coisas", a título de átomos espaciais, não se sustentou mais após as operações envolvendo raiz de 2: se existem "seres matemáticos" irredutíveis a uma relação entre dois inteiros, é porque o número, mesmo sendo exterior a nós, não está "nas coisas". Piaget admite que a genialidade de Platão consistiu em extrair uma epistemologia que essa situação de crise comportava, inserindo-a num grande sistema filosófico. Pode-se acrescentar às análises de Piaget, que em seu sistema Platão buscava não apenas responder a questão de onde vêm os números ou de onde vem o conhecimento, mas, também, à crise mais geral da democracia grega.

O impacto das ideias de Platão na civilização cristã ocidental, mais especificamente de sua epistemologia na cultura escolar, se manifesta de muitas maneiras, talvez a mais marcante seja a noção de conhecimento como "descoberta". A matriz dessa ideia se mantém ainda hoje, por exemplo, nas práticas pedagógicas que colocam o professor ou livro didático como a principal fonte de conhecimento na escola.

Entre a primeira e a segunda variedade epistemológica analisada por Piaget há uma distância conceitual enorme. A epistemologia de Aristóteles rompe radicalmente com a duplicidade de mundos do sistema platônico. Essa ruptura está ligada às exigências de realidade do "nosso mundo" colocadas pelas próprias pesquisas de Aristóteles no âmbito das ciências biológicas. Uma breve consulta à *História dos animais* escrita por Aristóteles pode esclarecer como isso ocorreu; essa obra é, possivelmente, a única da antiguidade grega feita a partir de uma observação minuciosa da realidade, daí sua grande influência até o final da Escolástica (século IX ao XV). Encontram-se nela, por exemplo, descrições sobre 170 espécies de pássaros, 169 peixes, 66 mamíferos e 60 insetos. Mas Aristóteles não foi apenas um naturalista prático amador, pois seus escritos indicam trabalhos de laboratório e dissecação de várias espécies de animais.[114] Toda a classificação do reino animal usada ainda hoje pelas ciências naturais foi esboçada por Aristóteles, assim como a divisão dos seres em reinos distintos: mineral, vegetal e animal. O trabalho científico de Aristóteles foi também pioneiro no domínio da lógica, mas não encontramos no conjunto de sua obra uma demarcação clara entre filosofia e ciência. Podemos perceber o modo como cada uma aparece no trabalho de Aristóteles através dos esclarecimentos de Piaget:

> *Quando Aristóteles dirigia o trabalho de seus trezentos assistentes para fornecer-lhe os materiais necessários à sua biologia, e descobria assim fatos tais como o de que os cetáceos são mamíferos e não peixes etc., não é, absolutamente, de se duvidar que ele se entregava a uma atividade científica, mesmo que ela tivesse sido orientada para reflexões mais gerais (o que é sem dúvida o caso de todos os criadores), ele não se contentou com prolongá-las em meditações solitárias e passou aos estudos de fatos, em um contexto de colaboração. Quando, pelo contrário, construiu seu sistema, suas ideias sobre a potência e o ato, sua interpretação geral das formas como imanentes ao real e não mais situadas no mundo das Ideias, ele é certamente filósofo.[115]*

---

114 KIRK, G. S. "A ciência grega" em: LLOYD-JONES, Hugh. (Org.) *O mundo grego*. Rio de Janeiro: Zahar, 1977, p. 116.
115 PIAGET, Jean. *Sabedoria e Ilusões da Filosofia*. São Paulo: Difusão

Prosseguindo o raciocínio no sentido de fundamentar sua tese sobre a relação entre as ciências e a filosofia, Piaget observa:

> Não é, pois desprovido de senso pensar que foi a orientação biológica de Aristóteles e a orientação matemática de Platão que justificaram diferenças essenciais de seus sistemas e isso é mesmo muito banal. Por outro lado, é essencial perguntar-se se esses grandes pensadores não foram grandes precisamente porque se apoiavam em resultados, lógico-matemáticos ou de observação metódica, e não somente em ideias, por mais necessárias que essas sejam.

A convicção aristotélica de que o objetivo de todo ser vivo é realizar o mais plenamente possível a "forma" de sua espécie prende o lógico e o biológico a um princípio metafísico. A valorização da experiência sensível na epistemologia de Aristóteles não resultou numa noção de "sujeito ativo" porque se sustenta num princípio metafísico. A única atividade que Aristóteles atribui ao sujeito no processo de conhecimento é uma tomada de consciência das formas, que pré-existem ao conhecimento. Analisando a importância da metafísica, a historicidade e a questão do conhecimento na obra de Aristóteles, José Américo Pessanha escreveu:

> Para Aristóteles, o verdadeiro conhecimento filosófico não rompe propriamente com a mentalidade vulgar, antes atualiza suas potencialidades. Por resultar do progressivo amadurecimento de outras formas de conhecimento menos completas, deve estar alicerçado no consensus gentium et temporum, consenso que se vai constituindo numa convergência ao longo da história, até ser formulado

Europeia do Livro, 1969, p. 50.

enquanto aristotelismo. Daí, inclusive, a importância que Aristóteles atribui aos provérbios. Como restos da "filosofia" mais antiga da humanidade, eles são frequentemente chamados a corroborar, como argumentos de reforço, teses aristotélicas. Assim, ao mesmo tempo em que é afastado o escândalo do novo, é apresentada a verdade – em sua formulação aristotélica – como expressão acabada, plena, atualizada, do que estaria, incompleta mas potencialmente, na sabedoria de toda a humanidade. Ou seja: a valorização da história da cultura e do conhecimento – concebida aristotelicamente – serve para mostrar que o aristotelismo é a meta, o telos, para o qual converge toda a história do pensamento precedente. O historicismo de Aristóteles está, desse modo, todo a serviço da metafísica que o sustenta e que nele, ao mesmo tempo, se confirma.[116]

Ultrapassando suas profundas diferenças, as epistemologias de Platão e Aristóteles têm em comum a ênfase no *objeto*. É nele que se acha concentrado todo o conhecimento. A noção de "sujeito epistêmico" ou de conhecimento como construção do sujeito, só surge com a revisão da epistemologia de Aristóteles por Descartes, feita a partir de 3 inovações científicas importantes: o desenvolvimento da álgebra, que colocou em evidência a possibilidade de uma disciplina fundada nas operações do sujeito, a invenção da geometria analítica pelo próprio Descartes, e as mudanças introduzidas por Galileu na física. Sob a influência desses três acontecimentos, Descartes chega à "descoberta" do sujeito epistêmico. Mas o grande problema da epistemologia cartesiana é que o reconhecimento da existência de ideias (factícias) resultantes das manipulações operatórias do

---

116 PESSANHA, José Américo. M. "Cultura como Ruptura" em: BORNHEIM, Gerd. et al. *Cultura brasileira. Tradição contradição.* Rio de Janeiro: Jorge Zahar/FUNARTE, 1987, p. 76.

espírito estava aliado ao reconhecimento das categorias constitutivas da razão como inatas. A classificação das ideias, segundo sua origem, eram inatas, factícias e adventícias (produzidas pela experiência sensível) estava associada a uma concepção dualista do homem que remete, em certa medida, ao dualismo platônico sensível/inteligível.

Foi precisamente a determinação das ideias própria ao inatismo que tornou a posição cartesiana sobre o conhecimento insustentável para os empiristas ingleses. Retomando a pergunta sobre como se formam as ideias, Locke e Hume abriram caminho para uma corrente nova de pesquisas que veio a ser o ponto de partida de uma ciência independente: a psicologia, fundada na observação metódica e na experiência. Segundo Piaget, o ponto fraco dos empiristas foi ter procedido *more philosophico* quando eles próprios exigiam uma verificação nos fatos. Enquanto os racionalistas elaboravam uma epistemologia dedutivamente, apoiando-se em uma ciência já existente, os empiristas construíam a sua recorrendo a uma ciência que ainda não estava constituída. Disso resultou certo número de lacunas que vieram a impulsionar as investigações de Kant, em sua tentativa de superar as limitações do racionalismo e do empirismo e, ao mesmo tempo, conciliar essas duas posições.

Segundo Kant, a situação vacilante da filosofia em sua época tinha origem na ausência de distinção entre conhecimento puro e conhecimento empírico, juízos analíticos e juízos sintéticos, objeto e representação do objeto. Entre os racionalistas e os empiristas essas diferenças não existiam. Descartes, apoiado no inatismo de algumas ideias e na concepção de causalidade como razão lógico-matemática, deixou sem explicação como a razão, fechada sobre si mesma, relaciona as ideias e as coisas. Hume, retomando Locke e sua crítica ao inatismo, colocou em questão o princípio de causalidade como algo inerente ao mundo empírico, deixando sob suspeita a possibilidade do conhecimento em geral. Assim, o problema do conhecimento, tal como se apresentou para Kant, era explicar como a experiência ultrapassa o particular e o subjetivo, e constrói conhecimentos universalmente válidos.

Ao contrário de Descartes que partiu da dúvida, Kant partiu da certeza da existência de conhecimentos verdadeiros que se impõem a toda consciência racional. O prefácio da *Crítica da Razão Pura* começa destacando os estudos que alcançaram o *caminho seguro de uma ciência* (a lógica, a matemática e a física), para em seguida afirmar a necessidade de a metafísica adotar a mesma metodologia usada pelos geômetras e investigadores da natureza. Essa mudança de eixo do objeto para o sujeito, enquanto fonte reguladora do conhecimento foi o que Kant chamou de revolução copernicana da filosofia; rompeu-se com ela a ideia de que o sujeito deve se adequar ao objeto para conhecê-lo. Assim, o problema da correspondência entre a ordem do pensamento e a ordem das coisas não existe mais, pois não há uma ordem a descobrir nas coisas (já que a *coisa em si* é incognoscível), mas há a ordem que o pensamento dá às coisas. Da separação entre *fenômeno* e *coisa em si* surgiu o conceito de experiência como *síntese* de uma forma (a priori do sujeito) e de uma matéria (que é o conteúdo sensível da experiência). Visando um novo estatuto para a filosofia no mundo do saber, ainda que estivesse seguro de que ela sobreviveria à força de uma barbárie capaz de tragar todas as ciências, Kant inicia sua Crítica reconhecendo a vitalidade do conhecimento científico e a estagnação da filosofia.

A revolução copernicana levou Kant a tomar como objeto não a natureza das coisas, mas a razão e sua capacidade de julgar.

Na exposição kantiana do conceito de espaço (Estética Transcendental), os objetos externos são considerados meras representações da nossa sensibilidade. O *correlatum* da representação, isto é, a coisa em si mesma, não pode ser conhecida e tampouco se pergunta por ela na experiência. Espaço e tempo não são, nesse caso, propriedades reais das coisas, mas formas de perceber inerentes à estrutura do sujeito. Nós apreendemos a realidade como ela aparece à nossa consciência, isto é, como *fenômeno*, através das formas de nossa sensibilidade. A atividade cognoscente do sujeito reporta-se aos fenômenos da experiência possível. Desde essa primeira parte da *Crítica da razão pura*, fica, então, inviabilizada a possibilidade de o sujeito pensar a totalidade do real com uma pretensão de validade universal. O limite da experiência possível é o limite do conhecimento humano, e a nossa experiência é de fenômenos. A realidade objetiva não está em questão, há *coisas em si*, mas elas são *em si* e não *em nós*; tudo o que está além dos fenômenos escapa à nossa capacidade de representação. Não se trata, contudo, de admitir os fenômenos dados pela sensibilidade no espaço e no tempo como aparências ilusórias e puramente subjetivas; eles são objetivos e reais, é a realidade, a única realidade que nos é dada, e que, por sua vez, para se tornar objetiva requer a atuação do *entendimento*, submetendo os fenômenos às categorias.

Na *Crítica da razão pura* a palavra *pensar* aparece como sinônimo de *julgar* porque a função da crítica é legitimar os direitos da razão, que precisa conhecer seus limites para exercer seus direitos plenamente, sem recorrer a conceitos usurpados. A *crítica* é uma filosofia transcendental porque se ocupa menos dos objetos do que dos conceitos *a priori* dos mesmos; ela só estende o conhecimento na medida em que consegue justificá-lo. As três funções que Kant discerne no sujeito – sensibilidade, entendimento e razão – são as três partes da Crítica da Razão Pura, cuja correspondência acompanha a própria dinâmica do pensamento humano em direção à metafísica. Nessa perspectiva, todo conhecimento intelectual faz-se através de conceitos, é discursivo; formar um conceito é unificar diversas representações sensíveis sob uma representação comum através do juízo. Os conceitos puros do entendimento só têm valor como sujeitos ou predicados de juízos possíveis. O uso que o entendimento pode fazer desses conceitos é apenas julgar, por isso *pensar é julgar*. Revelando as formas lógicas do pensamento, Kant compreendeu os juízos retomando a classificação de Aristóteles. A diferença entre os dois é que, enquanto para este último as categorias são os gêneros supremos do *Ser*, para o primeiro elas são as regras segundo as quais o sujeito apreende do objeto o que ele pôs nele. A ordem e as leis que podemos encontrar na natureza existem em nós. O *a priori* kantiano é o elemento racional que estabelece relações necessárias e universais entre os fenômenos da experiência, por isso ele é transcendental. A experiência é, portanto, uma construção do sujeito racional. O *eu penso* kantiano, ao contrário do cartesiano, é possibilidade de síntese da heterogeneidade existente entre *sensibilidade e entendimento*. Como condição de unidade de todas as representações, o *eu penso* tem uma identidade universal que unifica o múltiplo em conceitos de objetos, constrói o mundo da experiência e submete a natureza a leis, por isso ele é o princípio supremo do inteiro conhecimento humano.

Após a unificação dos dados da sensibilidade pelas categorias, os juízos postos pelo entendimento atingem a mais alta unidade possível através da *razão*. Esse movimento para a unidade é inerente à estrutura da razão, que não se satisfaz com elementos dispersos. As ideias da razão são construções do espírito para sua satisfação, atribuir-lhes uma existência real ou *em si* é o que Kant chama de *ilusão transcendental*. O objetivo da Crítica é, precisamente, reconhecer e denunciar essa ilusão. Daí a dimensão trágica da filosofia kantiana: o que a razão mais aspira é inacessível para ela enquanto verdade universal, pois os princípios que limitam a experiência humana ao âmbito do *fenômeno* são os mesmos que reconhecem o desejo da *razão* de ultrapasar o *fenômeno*.

Ao identificar o avanço da teoria kantiana em relação às que a precederam, em particular o que a distingue das concepções racionalistas e empiristas, Piaget revela o papel desempenhado pela física de Newton na elaboração de uma nova e riquíssima variedade epistemológica. Desse modo ele reforça, mais uma vez, sua tese sobre a importância das ciências no desenvolvimento da filosofia. A análise de Piaget é pouco esclarecedora quanto ao impacto da epistemologia de Kant no desenvolvimento da filosofia, talvez porque para ele a questão central do kantismo não era salvar a metafísica, e sim apresentar uma explicação para a teoria newtoniana da gravitação universal. Tratava-se, nesse caso, de elaborar uma noção de sujeito epistêmico preenchendo a dupla função de ser capaz de construção indefinida e de estruturar qualquer experiência. Kant criou assim uma epistemologia chamada por Piaget de construção *a priori*.

O uso limitado da dialética nessa teoria e a incerteza gerada por ela quanto à possibilidade de um conhecimento objetivo do mundo, pois só podemos falar do mundo a partir da nossa *forma* de percebê-lo e nunca poderemos saber se ele *é de fato* como nos aparece, foram duramente criticadas por Hegel. Estendendo a racionalidade para além do sujeito, Hegel construiu a tese da identidade sujeito – objeto. *O real é racional e o racional é real*. O pensamento e a realidade estão imersos no processo constante de transformação – no devir histórico – que constitui a própria essência do mundo. A crítica de Hegel a Kant se desdobrou numa nova teoria epistemológica e no último grande sistema filosófico da cultura ocidental. Segundo Piaget, a importância de Hegel para o surgimento da Sociologia é equivalente à importância dos empiristas para a psicologia. Essa observação vem reforçar sua tese de que os maiores sistemas da história da filosofia nasceram todos de uma reflexão sobre uma ciência já constituída, ou simplesmente antecipada. Mas Hegel se distingue dos empiristas num aspecto importante. Ele duplicou uma ciência ainda não constituída – a sociologia – suscitando o problema da dualidade dos conhecimentos possíveis sobre um mesmo objeto e o da legitimidade das teorias qualificadas de conhecimentos por alguns e não reconhecidas por outros. A existência de uma sociologia positivista desde Comte (1798-1857) e Durkheim (1858-1917) e de uma sociologia dialética desde Hegel (1770-1831) e Marx (1818-1883) remetem a divergências de caráter lógico epistemológico que ainda persistem.

Na revisão histórica de Piaget sobre o desenvolvimento das ciências e da filosofia a emancipação da epistemologia científica em relação à filosofia tem como marco definitivo a modernidade. A delimitação dos problemas começou com Descartes e se consolidou com Kant, cuja importância na construção de uma epistemologia *científica* fica bem explícita na abordagem de Piaget. Esse reconhecimento não é gratuito, pois como observou Chiarottino,[117] em *Biologia e conhecimento* existe um *a priori* muito próximo do espírito do kantismo, e, especialmente nessa

---

117 CHIAROTTINO, Zélia R. *Piaget: modelo e estrutura*. Rio de Janeiro: José Olympio, 1972, p. 74.

obra, Piaget admite que o sujeito é dotado de determinadas estruturas que funcionam com uma certa independência em relação à experiência. Evidentemente esse sujeito não impõe, como na epistemologia kantiana, uma forma a toda experiência, mas estrutura-a através de uma construção progressiva que conserva caracteres de necessidade própria ao *a priori*. Há, portanto, um dinamismo na teoria de Piaget, e em sua compreensão sobre o modo como a experiência se estrutura, que está muito distante do idealismo kantiano.

Por conta exatamente desse dinamismo, hoje o principal obstáculo na construção de uma epistemologia científica seria, segundo Piaget, a possibilidade de uma colaboração *verdadeira* entre cientistas.

> *Se a epistemologia genética é possível, ela deve ser também necessariamente interdisciplinar (...) para praticar uma disciplina não basta ser psicólogo um pouco a par da filosofia e um pouco biólogo: é preciso ainda mais ser lógico, matemático, físico, cibernético e historiador de ciências, para falar só do essencial.*[118]

A exigência de uma interdisciplinaridade e de uma colaboração verdadeira entre os pesquisadores, tendo em vista a ampliação do conhecimento, não é uma particularidade da epistemologia genética de Piaget. Contraditoriamente, o nível de especialização existente hoje em todas as áreas torna fundamental a solidariedade entre as disciplinas, sem ela nenhum campo de estudo e pesquisa pode avançar. Essa necessidade deve ser objeto de uma reflexão especial dos profissionais envolvidos com

---

118 PIAGET, J. *Sabedoria e Ilusões da Filosofia*. São Paulo: Difusão Europeia do Livro, 1969, p. 35.

atividades de ensino de uma maneira geral, porém, espera-se dos que se dedicam mais diretamente à formação de docentes uma sensibilidade maior para o problema.

7   EDUCAÇÃO E PÓS-MODERNIDADE

> *O que está acontecendo?*
> *O mundo está ao contrário e ninguém reparou.*
>
> Nando Reis

A ruptura decisiva entre a modernidade e a pós-modernidade aconteceu, segundo Jean François Lyotard, a partir de 1950, com a mudança no estatuto do saber ocorrida após o ingresso das sociedades na era pós-industrial. Resumindo o caráter dessa mudança de estatuto Lyotard admite: simplificando ao extremo, considera-se que o "pós-moderno" é a incredulidade em relação às metanarrativas.[119] Ao desuso desse dispositivo de legitimação da ciência corresponde a crise da filosofia metafísica e da instituição universitária que dela dependia. Com a incidência das transformações tecnológicas e da informática, tudo o que no saber constituído não puder ser traduzido para a linguagem de máquina tende a desaparecer. O declínio das metanarrativas está associado, portanto, ao domínio da linguagem da informática. O conhecimento dessa tecnologia constitui uma condição indispensável para a circulação e legitimação dos saberes. De acordo com Lyotard alguns saberes que circulam em torno da filosofia sobreviverão, mais ou menos como as línguas mortas sobrevivem até hoje.

Na crítica feita a Lyotard em *As origens da pós-modernidade*, Perry Anderson considera que " 'a condição pós-moderna'

---

119   LYOTARD, François. *A Condição Pós-Moderna*. Lisboa: Gradiva, 1989, p. 12.

tornou-se inspiração para um relativismo vulgar que, tanto aos olhos dos amigos quanto dos inimigos, passa por ser a marca do pós-modernismo".[120] O objetivo principal dessa crítica é mostrar o hedonismo niilista que perpassa as análises de Lyotard, e o alvo político a ser atingido. "Com 'a condição pós-moderna' Lyotard anunciou o eclipse de todas as narrativas grandiosas. Aquela cuja morte ele procurava atingir acima de tudo era, claro, a do socialismo clássico."[121] A ausência de maiores considerações sobre as análises de Lyotard na crítica de Perry Anderson está relacionada a uma avaliação mais geral sobre a inconsistência teórica e política dessas análises. À perspectiva de Lyotard Perry Anderson contrapõe a de Frederic Jameson, atribuindo-lhe o registro mais rico e abrangente da cultura que veio a ser conhecida como pós-moderna. A reflexão de Jameson sobre a pós-modernidade enfrenta alguns aspectos problemáticos do marxismo, e tenta responder as críticas a ele dirigidas pelos estruturalistas e pós-estruturalistas.

Em sua tentativa de revitalizar o marxismo, Jameson[122] toma como referência a caracterização de Ernest Mandel sobre o capitalismo avançado, e procura utilizá-la como base para um novo conceito de pós-modernidade. Três momentos sucessivos marcam, segundo Mandel, o capitalismo: a formação dos mercados nacionais, a fase monopolista, quando se procura anexar outros mercados, e o multinacional que hoje envolve a maior parte do planeta. Este último, ao revelar de forma mais pura a natureza do capitalismo, reafirma as análises de Marx sobre a lógica do capital.

---

120 ANDERSON, Perry. *As origens da pós-modernidade*. Rio de Janeiro: Jorge Zahar, 1999, p. 33.
121 Ibid., p. 39.
122 JAMESON, Fredric. *Espaço e Imagem: teorias do pós-moderno e outros ensaios* de Frederic Jameson. Org. e trad.: Ana Lúcia Almeida Gazolla. Rio de Janeiro: Editora da UFRJ.

Segundo Mandel, a essas três fases de desenvolvimento do capital, correspondem três estágios de desenvolvimento tecnológico: o de motores a vapor, o de motores elétricos e de combustão e o de motores eletrônicos e nucleares. Baseado em uma periodização similar, Tamás Szmrecsányi[123] revela em seus estudos sobre a história econômica da ciência e da tecnologia que é na época dos motores a vapor que se inicia a expansão das pesquisas no ensino superior, assim como a profissionalização das ciências e das técnicas nas universidades e nas grandes empresas dos países avançados. Cientistas, engenheiros e técnicos deixam de ser amadores esclarecidos e entusiastas e se tornam profissionais qualificados e reconhecidos por uma formação universitária (cada vez mais específica e exigente) diretamente supervisionada pelo Estado, pelas empresas, e pelos próprios pesquisadores. Em 1840, através das reformas do ensino universitário na Alemanha, iniciadas por Humboldt, se enunciou pela primeira vez o princípio formal da unidade entre a pesquisa e ensino. Nos países avançados, a progressiva incorporação da pesquisa no ensino, e, sobretudo, no sistema produtivo, instituiu uma relação de interdependência entre ciência e técnica que desembocou na segunda revolução industrial no desenvolvimento dos motores elétricos e de combustão, e na substituição do ferro pelo aço. Nesse período as empresas começam a criar seus próprios laboratórios de pesquisa, visando, através deles, se posicionar de maneira mais agressiva nas disputas por mercados. Todos esses antecedentes conduziram o desenvolvimento científico e tecnológico ao estágio atual de

---

[123] SZMRECSÁNYI, Támaz. "Esboços de História da Ciência e da Tecnologia" em: SOARES, Luiz Carlos (Org.) *Da Revolução Científica à Big (Business) Science*. São Paulo: Hucitec; Niterói: Ed. UFF, 2001.

ampliação e expansão das desigualdades entre os países, aspecto que, entre outros, reforçam a tese de Habermas da ciência e da técnica como ideologia.

Ancorando-se nas caracterizações de Mandel, Jameson passa a considerar a pós-modernidade como uma virada, ao mesmo tempo, econômica tecnológica, epistemológica e estética. Conectada a essa análise, uma segunda referência fundamental no quadro teórico de Jameson é o trabalho de Baudrillard sobre a importância do simulacro no imaginário cultural das sociedades capitalistas contemporâneas. Baudrillard entende que na modernidade os investimentos libidinais sobre os objetos supõem a existência de uma intimidade e interioridade próprias à "sociedade do espetáculo". No drama moderno a interioridade sucumbia a um sistema delirante: na pós-modernidade não há mais interioridade, as subjetividades são produzidas de modo mais industrial e eficiente, correspondendo à lógica do atual estágio do capital. O excesso de comunicação, paradoxalmente, provocou o colapso da comunicação humana. Não há mais a divisão essência/aparência em nenhuma das variedades pensadas pela filosofia. Toda "realidade" visível se resume ao universo de imagens produzido pelas redes de informação. A era moderna de esplendor do sujeito deu lugar na pós-modernidade à supremacia total do objeto. Reduzido a algo próximo do homem unidimensional de Marcuse, o sujeito moderno não teria conseguido escapar à sedução do objeto e à fetichização generalizada das imagens. A vontade de saber e de poder, tal como definida por Bacon, também foi substituída por uma vontade de espetáculo e de ilusão. A importância da teoria nesse mundo de ilusão, nessa nova caverna, torna-se muito grande. Sem ela fica difícil desmascarar o império da chantagem e da manipulação na mídia, no jogo político, e nas relações pessoais. O crescimento do terrorismo no mundo está diretamente ligado a esses processos e ao fim do contrato social como sustentação do jogo político.[124]

A correlação entre as transformações do capital (Mandel) e as novas subjetividades (Baudrillard) permitiu a Jameson uma ressignificação do conceito de luta de classes. Na pós-modernidade a sociedade de classes se mantém, mas nenhuma classe dentro do sistema continua sendo a mesma de antes. Nesse caso, a atualização do pensamento de Marx requer um corajoso enfrentamento com o cotidiano da história. Não nos moldes de uma "história das mentalidades", mas numa perspectiva onde a micro e a macro história, as dimensões subjetivas e objetivas, se interpenetram.

Para os educadores a questão das subjetividades é fundamental. Os questionamentos feitos pelos teóricos pós-modernos a uma consciência racional centrada também devem ser considerados, pois, como observou Tomaz Tadeu Silva essa noção está sempre subjacente a muitas análises que circulam na literatura educacional. Ainda é comum a suposição de que a consciência supõe apenas dois estados:

> De um lado, teríamos o sujeito alienado, inconsciente das determinações sociais de sua alienação, preso às ilusões da ideologia dominante. De outro o sujeito consciente, lúcido em relação à determinação externa de sua vida e destino social. É esta, por exemplo, a noção implícita nos conceitos de consciência ingênua e consciência crítica de Paulo Freire (vejam aí os dois estados). Não é muito diferente a noção que está implícita no socioanálise de Pierre Bourdieu.[125]

---

124 BAUDRILLARD, Jean. *Les Estratégies Fatales*. Paris: Grasset & Fasquelle, 1983, pp. 39 e 55.
125 SILVA, Tomaz Tadeu. *Teoria educacional crítica em tempos pós-modernos*. Porto Alegre: Artes Médicas, 1993, p. 129.

Grande parte da literatura crítica da educação estaria presa a certo maniqueísmo, seja ao analisar os efeitos da dominação (sujeito alienado), seja ao apontar as condições e as possibilidades de resistência à dominação (sujeito consciente). Esse esquematismo de divisão das consciências é prejudicial não apenas por falta de sintonia com o mundo real, mas, sobretudo, porque conduz a uma prepotência epistemológica frequentemente encoberta por nobres ideais de "conscientização". Tanto no âmbito da escola quanto dos partidos políticos, a divisão das consciências nesses dois polos reforça as relações assimétricas e autoritárias.

A variedade de discursos no âmbito do referencial teórico considerado pós-moderno não pode ser nem descartada nem incorporada em bloco. A despeito de suas limitações e inconsistências, os pós-modernos apresentaram questões que ainda não foram de todo respondidas. Apreendida de forma crítica, a produção desses intelectuais pode revitalizar o debate no campo da educação. Um balanço das teses pós-modernas deve discutir e avaliar atentamente:

1) O impacto da linguagem da informática na reorganização dos saberes e das disciplinas acadêmicas;

2) As formas atuais de legitimação do conhecimento e o papel das universidades, das empresas e das instituições financiadoras de pesquisa neste processo;

3) A construção de novas subjetividades e as dificuldades/possibilidades nela inscritas de democratização da sociedade. Entendendo por democracia não tanto seu aspecto formal, mas a possibilidade efetiva da maioria da população participar das decisões que orientam as políticas públicas.

8 CULTURA E FORMAÇÃO NA PERSPECTIVA DA ESCOLA DE FRANKFURT

> *Um conselho aos intelectuais:*
> *não se deixem representar por ninguém*[126]
>
> Adorno

A criação de um novo Grupo de Pesquisa

O Instituto de Pesquisa Social (Institut für Sozialforschung), que veio a ser conhecido como Escola de Frankfurt, foi criado por um pesquisador alemão chamado Felix Weil. A inspiração para esse empreendimento surgiu após sua ida a um Seminário de Estudos Marxistas na Turíngia, em 1922, que contou com a participação de intelectuais de diferentes áreas. Dentre os mais importantes estavam Karl Korsch, Friedrich Pollock e Lukács. Felix Weil era doutor em Ciência Política pela Universidade de Frankfurt e filho de Hermann Weil, um judeu alemão que imigrou para a Argentina e enriqueceu exportando trigo para a Europa. A intenção de Felix Weil era desenvolver um projeto institucional para dar sustentação a pesquisas de cunho social, com base na teoria marxista, que pudessem contribuir para a implantação do socialismo. Mas, como era um pouco difícil conseguir recursos de seu pai para esta causa, apresentou

---

126 ADORNO, T. W. *Mínima Moralia*. Reflexões a partir da vida danificada, 2ª edição. São Paulo: Ática, 1993, p. 112.

como principal objetivo do Instituto a realização de estudos e pesquisas sobre o antissemitismo na Alemanha.

Fundado em 3 de fevereiro de 1923, o Instituto agregou intelectuais que não se identificavam com a rígida disciplina intelectual da vida acadêmica alemã e com o sistema universitário. Com a quantia inicial de 120 mil marcos (30 mil dólares), dada por Hermann Weil, foi possível manter um pequeno grupo de pesquisadores e assistentes[127] e garantir o pagamento de algumas despesas administrativas básicas. Além de dispor de um prédio próprio, desde 1924, com dezesseis pequenas salas de trabalho, sala de leitura com trinta e seis lugares, e quatro salas grandes para seminários, o Instituto, ligado à Universidade de Frankfurt, tinha uma biblioteca com espaço para 75.000 volumes.[128] Seu primeiro diretor foi Carl Grünberg, Catedrático em Direito e Ciência Política, vindo da Universidade de Viena, que permaneceu nesta função de 1923 a 1927, embora formalmente tenha ficado até 1930. O trabalho de documentação foi a tônica desse período inicial. De 1931 a 1958 o diretor foi Horkheimer, iniciador do trabalho de pesquisa que veio a imprimir uma identidade ao Instituto, e de 1958 a 1969 a direção ficou sob a responsabilidade de Theodor Adorno.

A Alemanha e a criação do Instituto

A unificação da Alemanha foi um processo tardio, final do século XIX, que transformou sua estrutura quase feudal através

---

127 Com 200 marcos (50 dólares) era possível sustentar mensalmente um pesquisador solteiro na Alemanha, em 1923.
128 JAY, M. *A Imaginação Dialética*. História da Escola de Frankfurt e do Instituto de Pesquisas Sociais, 1923-1950. Rio de Janeiro: Contraponto, 2008, p. 47.

da unificação realizada por Bismark. Ao final da Primeira Guerra Mundial, com o fim do regime Imperial, a Alemanha estava dividida em duas Repúblicas: a República Social, sustentada pelos social-democratas e conservadores, e a República Socialista, sustentada pelos espartaquistas e pela esquerda mais radical.

Em 15 de janeiro, Karl Liebknecht e Rosa Luxemburgo são assassinados, e a 19 de janeiro são realizadas eleições de representantes à Assembleia Constituinte em toda a Alemanha. Com a derrota da liderança espartaquista e a instituição da República alemã, os focos revolucionários de Berlim são perseguidos e liquidados, e a Assembleia eleita passa a funcionar fora de Berlim, na cidade de Weimar. A fase heróica da classe operária alemã, liderada pelo Partido Comunista, entra em declínio, e milhares de revolucionários que participaram dos acontecimentos de 1918-1919 são presos. A República de Weimar sobrevive, apesar de suas profundas contradições, até 1933, quando ocorre a ascensão dos nazistas ao poder.

Na década de 1920 (até 1924) houve uma grande instabilidade econômica e social na Alemanha, uma inflação altíssima e muito desemprego. Em 15 de novembro de 1923, poucos meses depois da criação do Instituto, meio quilo de pão em Berlim custava 80 bilhões de marcos.[129] Nessa época, com a entrada de dólares no país diminui a instabilidade. O desenvolvimento crescente da União Soviética colocou em questão a estrutura do sistema capitalista, daí a preocupação dos grandes capitalistas em conter a crise social e insatisfação na Alemanha. Com a quebra da Bolsa em Nova Yorque em 1929, a entrada de dólares

---

129 RIBE, Wolfgang. "Nascimento da Grande Berlim", *em*: RICHARD, Lionel. (Org.). *Berlim, 1919-1933. A Encarnação extrema da modernidade*. Rio de Janeiro: Jorge Zahar, 1993, p. 56. (Col. Memória das cidades).

é suspensa, dando início a uma nova crise e a uma radicalização política que vai culminar com a ascensão do nazismo.

A escalada da direita ao poder foi muito rápida, podemos avaliá-la observando os resultados eleitorais de 1928 em Berlim (que tinha aproximadamente 4 milhões de habitantes nessa época): Social-democratas: 400 mil votos; comunistas: 350 mil votos e nazistas 16 mil votos.[130] O apoio de grande parte da classe operária alemã ao partido nazista reforçou nos intelectuais do Instituto o interesse em investigar a relação das subjetividades com a macroestrutura da sociedade.

Teoria Tradicional e Teoria Crítica

Apesar de suas diferenças teóricas Horkheimer, Adorno, e Marcuse têm em comum: crítica aos sistemas filosóficos que pretendem uma representação do mundo em sua totalidade; recuperação das raízes hegelianas do marxismo para fazer frente ao cientificismo e positivismo do marxismo vulgar; ênfase na dialética, questionamento da compreensão da superestrutura como reflexo da estrutura e da base econômica como determinante. Sobretudo, a partir de 1936 as pesquisas passam a se orientar visando a conjugação das macroestruturas do capitalismo com as microestruturas da família burguesa e proletária, e a construção das subjetividades.

Havia uma forte crítica ao irracionalismo em todas as suas variantes, mas a valorização da razão não impediu o questio-

---

130 RICHARD, Lionel. "Uma identidade contraditória". *Em*: RICHARD, Lionel (Org.) Berlim, 1919-1933. *A Encarnação extrema da modernidade*. Rio de Janeiro: Jorge Zahar, 1993, p. 27. (Col. Memória das cidades).

namento em relação à identidade hegeliana entre: pensar e ser; racional e real; sujeito e objeto; particular e universal. A tarefa da filosofia não é postular essas identidades, forjando uma totalidade falsa, mas enfrentar o irracional na história. "O todo é o não verdadeiro".[131] O racional é diferente do real (Dialética negativa). Hegel compreende a história como calvário, como via crucis do Espírito, os frankfurteanos veem nessa dialética uma justificação da violência na história. Os acontecimentos históricos de uma época seriam necessários, segundo Hegel, ao desenvolvimento do Espírito em sua luta para realizar a liberdade. Marx, por outro lado, identifica o motor da história na luta de classes, cujo drama central é a conjugação do desenvolvimento das forças produtivas com as relações de produção. As revoluções são tentativas de superação desse conflito. Nesse conflito o trabalho aparece como categoria central.

Horkheimer e Adorno criticavam em Hegel e Marx o reconhecimento do trabalho como uma categoria central na história humana (fetichização do trabalho) e a visão evolutiva e linear da história (a história como progresso). A previsão de Marx no *Manifesto Comunista*, de que o capitalismo continha os germes de sua própria destruição em sua lógica de concentração da riqueza e empobrecimento crescente da classe operária, aponta para um *telos* na história. Os conceitos marxistas de classe social, luta de classes e fetichismo da mercadoria não foram questionados pelos dois filósofos frakfurteanos. A *Dialética do Esclarecimento*, escrita em 1940 e publicada em 1947 por Horkheimer e Adorno, apresenta uma crítica radical à visão da história como progresso, ao Iluminismo, e à racionalidade

---

131 ADORNO, T. W. *Mínima Moralia*. Reflexões a partir da vida danificada, 2ª edição. São Paulo: Ática, 1993, p. 42.

dominante na cultura ocidental. A desconfiança no poder emancipador desta razão é marcante na Teoria Crítica.

Horkheimer, Adorno e Marcuse mantêm em suas trajetórias uma profunda interlocução com Hegel. Marcuse fez sua tese de doutorado (1932) sobre a questão da Ontologia e da historicidade em Hegel, orientado por Heidegger e influenciado pela fenomenologia. Dez anos mais tarde, nos EUA escreveu em Razão e Revolução (1942) que Hegel antecedeu Marx na compreensão da irracionalidade da ordem existente. Tratava-se nesse momento de reafirmar a importância da crítica e o poder do pensamento negativo. Razão e Revolução visava também romper com a ignorância do meio acadêmico norte-americano que associava o pensamento Hegel à ideologia nazista. Hegel teria dado elementos para a construção dessa ideologia?

> Dificilmente haverá outra obra filosófica que revele mais impiedosamente as contradições insanáveis da sociedade moderna, e que, ao mesmo tempo pareça, da maneira mais obstinada, com elas concordar. O próprio Prefácio da Filosofia do Direito, em que Hegel renuncia à teoria crítica, parece clamar por ela ao acentuar o agravamento do "conflito entre o que é e o que deveria ser".[132]

O Estado moderno teria criado condições mais favoráveis para a razão se realizar, nada mais do que isso. Ao interpretar dessa maneira a teoria hegeliana do Estado, Marcuse recusa as especulações que pretendem associá-la a qualquer Estado totalitário. Razão e Revolução marca o afastamento progressivo de Marcuse do Instituto de Pesquisa Social na década de 1940.

---

132 MARCUSE, Herbert. *Razão e revolução*. Hegel e o Advento da Teoria Social. Rio de Janeiro: Paz e Terra, 1978, p. 173.

Ao contrário de Horkheimer e Adorno, ele não critica a centralidade ontológica do trabalho em Hegel e Marx. Em relação ao conhecimento e à verdade, a Teoria Crítica assume uma posição relativista, com base na premissa Nenhuma verdade transcende a história. No ensaio "Teoria Tradicional e Teoria Crítica", de 1937, Horkheimer (1990) considera que é impossível uma pesquisa científica desinteressada numa sociedade onde as pessoas não têm verdadeira autonomia. Ele também não via sentido em se adotar o pertencimento a uma classe como critério para avaliar o compromisso do intelectual com a verdade. O envolvimento do pesquisador com seu objeto obriga a manutenção do dualismo de fatos e valores que as teorias tradicionais criticam. Os valores do pesquisador influenciam necessariamente sua pesquisa; conhecimento e interesse são inseparáveis. Por isso mesmo, os valores devem ser assumidos de forma consciente pelo pesquisador.

Um ponto de concordância entre os frankfurteanos é que os conceitos marxistas tomados de maneira muito rígida não dão conta de explicar fenômenos como o stalinismo, o nazismo e o fascismo. A abertura em relação ao pensamento de teóricos não marxistas, especialmente o interesse pela psicanálise, visava a incorporação de contribuições teóricas que pudessem revigorar o marxismo. Um aspecto que distingue o modo como os frankfurteanos interpretam o pensamento de Marx é o espaço que eles dedicam às questões da subjetividade humana. Os marxistas tradicionais da Alemanha, assim como os marxistas de uma maneira geral, não viam como igualmente importantes a análise das condições objetivas da ação e as maneiras como essas condições são interpretadas e modelam as subjetividades. A teoria crítica orientou-se para a análise da influência recíproca entre a estrutura e as práticas sociais, e a mediação entre o objetivo e o subjetivo.

Marxismo e Psicanálise

A ideia de que Marx e Freud estavam falando de problemas semelhantes era considerada no mínimo extravagante, para não dizer absurda, nos meios intelectuais na década de 1920, sobretudo, por causa do pessimismo de Freud a respeito das possibilidades de mudanças radicais na cultura. Em 1929, uma semana depois que Freud lançou o livro O mal-estar na civilização, ocorreu a quebra da bolsa de Nova Iorque. As preocupações e especulações políticas que aparecem no livro mostram o interesse de Freud em dialogar com os marxistas.[133] Mas a recíproca não era verdadeira. Os marxistas ortodoxos sempre olharam a psicanálise com desconfiança. Na URSS havia um verdadeiro tabu em relação a Freud e seus seguidores desde 1923. Em 1928, Horkheimer, que há tempos mantinha um grande interesse pela psicanálise, resolveu fazer análise e escolheu Karl Landauer, que tinha sido aluno de Freud, como psicanalista. Nessa época, Laudauer foi convencido a criar o Instituto Psicanalítico de Frankfurt, inaugurado em 16 de fevereiro de 1929. Pelo estímulo dado a esta iniciativa, Horkheimer chegou a receber uma carta de agradecimento do próprio Freud.

Um dos pesquisadores mais importantes para a integração Marx-Freud no Instituto foi Erich Fromm. Na década de 1940 ele fez uma revisão da teoria de Freud e passou a rejeitar o conceito de libido e o complexo de Édipo. A aproximação com a teses de Karen Horney e a corrente culturalista americana resultou no afastamento de Fromm do Instituto. Para ele e muitos frankfurteanos, a psicanálise poderia oferecer o elo que faltava

---

133   FREUD, S. O mal-estar na civilização. Rio de Janeiro: Imago, 1997, pp. 69-72.

para se compreender a relação entre a infraestrutura econômica e a superestrutura da sociedade.

Arte e Política

O interesse pelas questões ligadas à arte e à estética era central em Walter Benjamin, Adorno e Marcuse. Para eles a arte, ao contrário da ciência e da própria filosofia, havia se preservado mais face ao princípio de realidade. A negação do status que se manifestava com mais força, portanto, no âmbito da arte. A questão que dominava o debate marxista sobre arte e política no início do século XX, até a década de 1930, era a definição de prioridades sobre os binômios: tendência política x qualidade artística e forma x conteúdo. Em 1934, o I Congresso de Escritores Soviéticos se definiu por uma posição favorável a uma arte de tendência com conteúdo capaz de expressar as contradições sociais em sua totalidade. Essa posição na verdade representou um veto a todas as manifestações artísticas de vanguarda ou experimentais, que não adotavam o realismo ou o naturalismo. Foi precisamente nesse ano, 1934, que Benjamin escreveu um texto a respeito desse debate que foi um verdadeiro divisor de águas (turvas); sua posição encontrou uma profunda ressonância entre os artistas de vanguarda e intelectuais mais atuantes. Em "O autor como produtor" Benjamin considera que a discussão tendência política versus qualidade artística é uma polêmica estéril, e que seria preciso investigar como uma obra de arte se coloca no interior das relações de produção de sua época. A grande questão era saber se o artista apenas abastecia com suas obras os espaços de circulação existentes (museus, teatros, cinemas etc.), ou se a sua produção era capaz de transformar esse circuito no sentido de uma superação entre produção e consumo de arte.

Tempo, Memória e História

É no palco da história que se manifesta, segundo Benjamin e Hegel, a dialética destruição-criação. Mas a grande diferença entre os dois pensadores é que para o primeiro não existe na história uma racionalidade que conduz a trama em direção a uma autoconsciência. Ao contrário de Hegel, Benjamin pensa que a racionalidade que tem guiado a história vem fortalecendo a barbárie e comprometendo o futuro da humanidade. Hegel destacou na história as grandes estruturas e as forças poderosas que submetem os indivíduos, forças que a grande maioria não consegue identificar nem controlar. Benjamin interessou-se pelas estruturas e também pelo infinitamente pequeno, e por detalhes aparentemente irrelevantes. Daí a importância que ele atribui a Proust e Freud para a reflexão a respeito do tempo e da memória. Incorporando as noções de inconsciente e ato falho, Benjamin pensa a história como um campo de forças onde atuam forças inconscientes. A história é uma construção realizada por uma memória interessada, que seleciona o que é digno de ser lembrado e preservado. O passado não é imutável, um depósito de fatos à espera de um historiador neutro capaz de recuperá-los. O interesse pelo lixo da história oficial e pelo residual nesse caso é equivalente ao interesse do psicanalista pelos sonhos e os atos falhos dos indivíduos.

Horkheimer, Adorno e a *Dialética do Esclarecimento*

A questão central desta obra é responder porque o programa do *esclarecimento* de livrar os homens do medo e emancipá-los resultou numa regressão e na barbárie de nossa época. A *Dialética* é crítica da cultura e do conhecimento ao mesmo tempo. Na busca da raiz do problema da regressão, os autores retomam o conceito weberiano de "desencantamento do mundo", revelando nele um duplo sentido. Positivamente, "desencantar" significa quebrar um encanto, superar a ingenuidade em relação ao mundo, promover a emancipação, como propunham no século XVIII os iluministas. Negativamente, "desencantamento" significa *perda* de encanto, no sentido de afirmação de uma relação utilitária e de dominação do homem sobre a natureza. Reunindo esses dois aspectos ao mesmo tempo, a época moderna foi substituindo a forma de dominação da natureza própria à magia, que existia na cultura por uma outra forma de dominação: a científica. Esse processo histórico resultou na construção da *Razão* ocidental. A dialética que perpassa a história da cultura envolve a aproximação entre mito e razão, resumida através de duas teses complementares: *o mito já é esclarecimento e o esclarecimento acaba por reverter à mitologia*.[134] Acompanhando esse processo, a história se mostra também atravessada por outra contradição: a progressiva afirmação do homem como sujeito e ao mesmo tempo sua transformação em objeto. Mas o poder do homem sobre a natureza tem se tornado cada vez mais ameaçador para sua própria integridade.

---

134 ADORNO, Theodor; HORKHEIMER, Max. *Dialética do esclarecimento*. Rio de Janeiro: Jorge Zahar, 1985, p. 15.

No Excurso I da *Dialética do Esclarecimento*, na famosa interpretação do Canto XII da *Odisseia* de Homero, o Iluminismo é considerado parte do *esclarecimento*, isto é, da evolução da racionalidade técnica e instrumental, sementeira da barbárie contemporânea. Nesse episódio, Ulisses, narrando suas aventuras ao rei Alcino, diz que, sabendo do risco existente no encontro com as sereias, antes de se aproximar da região onde seria ouvido seu canto, pediu para ser amarrado ao mastro do barco. Completando sua estratégia para ouvir o canto das Sereias sem sucumbir a ele, ordena que os remadores tapem os ouvidos com cera e conduzam o barco com mais velocidade. Adorno e Horkheimer, interpretando esta alegoria, consideram Ulisses o protótipo do burguês, pois é ele quem decide o destino do barco e as condições de trabalho dos marinheiros que o conduzem, mas apesar desse comando, ele também está preso, pode ouvir o canto das sereias, é verdade, mas o preço pago por este privilégio foi a autorrepressão e a regressão.

A Indústria Cultural

Trata-se de um aparato construído para administrar o "tempo livre" do trabalhador, isto é, o tempo não dedicado ao trabalho. Através da indústria cultural todos os bens se tornam valor de troca. Essa mudança está relacionada ao que Benjamin chamou de "perda da aura" da obra de arte. Um fenômeno que já havia sido percebido por Baudelaire no século XIX.

Nas sociedades capitalistas não há espaço para uma educação emancipadora, para a *formação* humana integral (*bildung*). Adorno cunhou o conceito de *semiformação* (*halbbildung*) para nomear todo o processo educativo existente.

> *A semiformação é a multiplicação de elementos espirituais sem vinculação viva a sujeitos vivos, nivelados em opiniões que se adaptam aos interesses dominantes. A indústria cultural tornada em sistema que se expande através de todos os meios não obedece apenas à necessidade de concentração e de uniformização tecnológica, mas simultaneamente produz cultura explicitamente para aqueles que a cultura excluía. A semiformação é o espírito manipulado dos excluídos.*[135]

Na sociedade contemporânea, o que seria a "formação autêntica" não existe. Além de limitar a educação a uma escolarização profissionalizante, a sociedade capitalista criou uma indústria cultural para ocupar o vazio deixado pelo declínio da arte. Através da *diversão* ela cria formas de evasão da rotina do trabalho. Mas essa fuga acaba gerando uma compulsão. Os consumidores nunca se satisfazem, pois aquilo que continuamente lhes é prometido nunca é alcançado. A promessa de felicidade pela indústria cultural, que nunca se cumpre, cinde a vida em duas esferas: a do trabalho e a do "tempo livre", que na verdade fica acorrentado ao seu oposto. Esse círculo vicioso está dominado, segundo Adorno, pela seguinte lógica: por um lado, o tempo livre é necessário para que depois se possa trabalhar melhor; assim, ele não deve lembrar em nada o trabalho. "Essa é a razão da imbecilidade de muitas ocupações do tempo livre. Por baixo do pano, porém, são introduzidas, de contrabando, formas de comportamento próprias do trabalho, o qual não dá folga às pessoas."[136]

---

[135] LEO-MAAR, W. "Educação e experiência em Adorno". *Contemporaneidade e Educação*: revista semestral de Ciências Sociais e Educação. Ano I, n. 0, Rio de Janeiro, 1996. Rio de Janeiro, p. 66.
[136] ADORNO, T. W. *Indústria cultural e sociedade*. Seleção de textos de Jorge Mattos Britto de Almeida. São Paulo: Paz e Terra, 2002, p. 116.

Transformado em mero apêndice do trabalho, o "tempo livre" é administrado pela indústria cultural, que nivela os indivíduos criando neles uma falsa identidade e a ilusão de pertencimento a uma comunidade. Integrados através dos bens de consumo, a pseudoindividuação do consumidor se realiza sob a ameaça, nem sempre muito velada, de isolamento social. Essa situação representa uma ameaça constante à preservação dos valores humanos fundamentais. No texto "Educação após Auschwitz", Adorno apresenta algumas hipóteses sobre as circunstâncias que levam a sociedade à barbárie e destaca a importância da educação na construção de valores que se contraponham aos valores dominantes na cultura.

Positivismo e Dialética

Segundo Adorno, o ideal de conhecimento das ciências naturais invocado por Augusto Comte, que nunca refletiu sobre uma compatibilidade metodológica entre as ciências naturais e sociais, apresenta um problema em sua base. Ao contrário do que se poderia pensar, não é o interesse dos positivistas pelos fenômenos, fatos e pesquisas empíricas que preocupava Adorno, pois ele considerava que a investigação sobre as motivações de pessoas e grupos, ou sobre o que Freud chamou de *resíduos do mundo fenomênico*, pode trazer muitos esclarecimentos importantes sobre a vida em sociedade. Porém, esses esclarecimentos só serão possíveis se não se perder de vista a *essência* da sociedade, ou seja, o que é fundamental nela. De um ponto de vista sociológico, fenômeno e essência são indissociáveis. O esclarecimento do significado de *essência*, nesse caso, é feito com base numa proposição de Hegel segundo a qual a essência precisa se *manifestar*. Ou seja, é inútil e vazio falar da "essência" ou das "leis essenciais da sociedade"[137] se essa essência e suas leis não se tornarem visíveis nos fenômenos. A dialética fenômeno/essência pretende superar o risco de uma polarização entre, de um lado, a mera constatação de fatos, e, de outro, a afirmação irresponsável de essências vazias. Respondendo à pergunta sobre o que é essencial, Adorno admite: questões essenciais "são as que têm um significado decisivo para a sobrevivência e a liberdade da espécie humana".[138]

O interesse por leis essenciais, que se propõem a pensar o todo e os sistemas sociais vigentes, não significa, segundo Adorno, pouco caso em relação a reformas e melhoramentos específicos na sociedade, como sugerem os sociólogos positivistas de orientação pragmática. Há também um outro aspecto muito importante que distingue o positivismo da dialética. Trata-se da consideração sobre a objetividade conceitual e sua existência concreta. Para os positivistas, o conceito é muito mais uma ferramenta, um instrumento inventado pelo sujeito do que algo próprio ao objeto ou à própria coisa. Para Adorno, não se pode separar o conceito do objeto ao que ele se refere. De acordo com essa perspectiva, o conceito de classe social, por exemplo, não diz respeito simplesmente ao modo como se pode compreender um fenômeno social e a classificação dos indivíduos na sociedade, mas ao modo como a sociedade engendra processos e estruturas que classificam os indivíduos. É exatamente para penetrar no cerne do objeto que os conceitos são necessários. O conceito é importante

---

137 ADORNO, T. W. *Introdução à Sociologia*. São Paulo: Editora UNESP, 2008, p. 86.
138 Ibid., p. 92.

principalmente porque alcança o que não aparece com transparência nos fenômenos.

Os tópicos acima apresentados dão uma pequena mostra da profundidade dos debates travados entre os integrantes do Instituto de Pesquisa Social e o alcance teórico de sua produção. A atualidade desses debates indica que há muito a ser estudado no legado da Escola de Frankfurt.

Textos publicados em revistas especializadas e coletâneas:

"Infância em Berlim: expedições às profundezas da memória", publicado na *Revista Brasileira de Estudos Pedagógicos*, INEP/MEC, volume 89, número 221, jan./abr. 2008.

"O anjo da história e a história da arte", publicado em: *Walter Benjamin: arte e experiência*. Rio de Janeiro: NAU; Niterói: Ed. UFF, 2009.

"Tragicidade da imagem na arte moderna", apresentado no "Seminário Horizontes da Arte", realizado no Museu de Arte Contemporânea de Niterói, em 15 de abril de 2010.

"Escrita e memória: dos hieróglifos aos textos eletrônicos", publicado em *Educação se faz (na) política*. Sueli Camargo e Jorge Najjar, Niterói: Ed. UFF, 2006.

"Filosofia e epistemologia: um breve histórico a partir de Piaget", publicado em *Educação fronteira política*, Ártemis Torres, Giovanni Semeraro e Augusto Passos (organizadores). Cuiabá: Ed. UFMT, 2006.

"Educação e pós-modernidade", publicado na *Revista Brasileira de Estudos Pedagógicos*, MEC/INEP, vol. 83, n. 203, 204, 205, jan./dez. 2002.

Referências Bibliográficas

ADORNO, T. W. *Educação e emancipação*. Rio de Janeiro: Paz e Terra, 1995.

ADORNO, T. W. *Indústria cultural e sociedade*. Seleção de textos de Jorge Mattos Britto de Almeida. São Paulo: Paz e Terra, 2002 (Coleção Leitura).

ADORNO, T. W. *Introdução à Sociologia*. Apresentação: Gabriel Cohn. São Paulo: Editora UNESP, 2008.

ADORNO, T. W. *Mínima Moralia. Reflexões a partir da vida danificada*. São Paulo: Ática, 1993.

ADORNO, T. W. *Sobre Walter Benjamin*. Madri: Cátedra, 1995.

ADORNO, T. W. e HORKHEIMER, M. *Dialética do esclarecimento*. Rio de Janeiro: Jorge Zahar, 1985.

ALLOWAY, Lawrence. "O Desenvolvimento da Arte Pop britânica". Em: LIPPARD, Lucy (Org.). *A arte pop*. Lisboa: Editorial Verbo, 1973.

ALTER, Robert. *Anjos necessários: tradição e modernidade em Kafka, Benjamin e Scholem*. Tradução: André Cardoso. Rio de Janeiro: Imago, 1992.

ANDERSON, Perry. *As origens da pós-modernidade*. Rio de Janeiro: Jorge Zahar, 1999.

ARGAN, Giulio Carlo. *Arte e crítica de arte*. Lisboa: Editorial Estampa, 1988.

ARISTÓTELES. *Política*. Brasília: Editora da Universidade de Brasília, 1997.

BAJARD, Elie. Ler e dizer. Compreensão e comunicação do texto escrito. São Paulo: Cortez, 1999.

BAUDELAIRE, Charles. *Poesia e prosa*. Edição organizada por Ivo Barroso. Rio de Janeiro: Nova Aguilar, 1995.

BAUDRILLARD, Jean. *Les Estratégies Fatales*. Paris: Éditions Grasset e Fasquelle, 1983.

BENJAMIN, Walter. *Charles Baudelaire, um lírico no auge do capitalismo*. São Paulo: Brasiliense, 1989 (Obras escolhidas, vol. 3).

BENJAMIN, Walter. "Paris do Segundo Império em Baudelaire". Em: *Sociologia*. Introdução e organização de Flávio Kothe. São Paulo: Ática, 1991.

BENJAMIN, Walter. *Magia e técnica, arte e política: ensaios sobre literatura e história da cultura*. São Paulo: Brasiliense, 1994 (Obras Escolhidas I).

BENJAMIN, Walter. *O Conceito de crítica de Arte no Romantismo Alemão*. São Paulo: EDUSP/ Iluminuras, 1993.

BENJAMIN, Walter. *Origem do Drama Trágico Alemão*. Tradução e notas João Barrento. Lisboa: Assírio e Alvim, 2004.

BENJAMIN, Walter. *Passagens*. Organização da edição Willi Bolle, Belo Horizonte: Editora UFMG; São Paulo: Imprensa Oficial do Estado de São Paulo, 2006.

BENJAMIN, Walter. *Rua de mão única*. São Paulo: Brasiliense, 1995. (Obras escolhidas, vol. 2).

BOLLE, Willi. *Fisiognomia da metrópole moderna*. Representação da História em Walter Benjamin. São Paulo: Editora da Universidade de São Paulo, 1994.

BOMPUIS, Catherine. *Os cartazistas face a história ou a história da "Action Non-Painting"*. Poiesis, n. 11, Niterói, Programa de Pós-Graduação em Ciência da Arte, IACS/UFF, 2008.

BOSI, Alfredo. *Dialética da colonização*. São Paulo: Companhia das Letras, 1992.

BURKE, Peter. *Uma história social do conhecimento de Gutemberg a Diderot*. Rio de Janeiro: Jorge Zahar, 2003.

CALASSO, Roberto. *Os 49 degraus*. São Paulo: Companhia das Letras, 1997.

CHARTIER, Roger. *Os desafios da escrita*. São Paulo: UNESP, 2002.

COMENIUS, Jan Amós. *Didática Magna*. São Paulo: Martins Fontes, 2002.

CONDORCET, J-A. N. *Cinco memórias sobre a instrução pública.* São Paulo: Editora da UNESP, 2008.

DANTO, Arthur. C. *As transfigurações do lugar-comum. Uma filosofia da arte.* São Paulo: Cosac Naify, 2005.

DESCARTES, René. *Discurso do método.* Porto Alegre: L&PM, 2006.

DROZ, Geneviève. *Os mitos platônicos.* Brasília: Editora da Universidade de Brasília, 1997.

DUARTE, Constância Lima. *Nísia Floresta.* Recife: Fundação Joaquim Nabuco, Editora Massangana, 2010 (Coleção Educadores).

ESPINOSA, Baruch. *Tratado político.* Lisboa: Círculo dos Leitores, 2008.

FERREIRA Jr., Amarilio e BITTAR, Marisa. *Pluralidade linguística, escola de bê-a bá e teatro jesuítico no Brasil do século XVI.* Educação e Sociedade, Campinas, vol. 25, n. 86, abril de 2004.

FREIRE, Paulo. *A importância do ato de ler.* São Paulo: Cortez, 1982 (Polêmicas de Nosso Tempo 4).

FREUD, S. *O mal-estar na civilização.* Rio de Janeiro: Imago, 1997.

GAGNEBIN, Jeanne-Marie. *História e narração em Walter Benjamin.* São Paulo: Perspectiva, 2004.

GOODY, Jack. *A domesticação do pensamento selvagem*. Lisboa: Ed. Presença, 1988.

GRIGNON, Claude. "Cultura Dominante, Cultura Escolar e Multiculturalismo Popular". Em: SILVA, Tomaz Tadeu (Org.). *Alienígenas em sala de aula. Uma introdução aos estudos culturais em educação*. Petrópolis: Vozes, 1995.

HEGEL, G. W. F. *Fenomenologia do espírito e outros textos filosóficos*. São Paulo: Abril Cultural, 1980 (Coleção Os Pensadores).

HOBBES, Thomas. *Leviatã ou Matéria, forma e poder de um estado eclesiástico civil*. São Paulo: Abril Cultural, 1979 (Coleção Os Pensadores).

HORKHEIMER, M. *Teoria Crítica I*. São Paulo: Perspectiva; Editora da Universidade de São Paulo, 1990.

JAMESON, Fredric. *Espaço e imagem: Teorias do pós-moderno e outros ensaios*. Org. e trad.: Ana Lúcia Almeida Gazolla. Rio de Janeiro: Editora da UFRJ.

JAPIASSU, Hilton. "O projeto masculino-machista da ciência moderna". Em: SOARES, Luis Carlos (Org.). *Da Revolução Científica à Big (Business) Science: Cinco ensaios de história da ciência e da tecnologia*. São Paulo: Hucitec; Niterói: Ed. UFF, 2001.

JAY, M. *A imaginação dialética*. História da Escola de Frankfurt e do Instituto de Pesquisas Sociais, 1923-1950. Rio de Janeiro: Contraponto, 2008.

KANT, I. *Observations sur le Sentiment du Beau et du Sublime*. Paris: Flamarion, 1990.

LE GOFF, Jacques. *História e memória*. Campinas: UNICAMP, 1990.

LEO-MAAR, W. *Educação e experiência em Adorno*. Contemporaneidade e educação: revista semestral de Ciências Sociais e Educação, Rio de Janeiro, Ano I, n. 0, 1996. Publicação do Instituto de Estudos da Cultura e Educação continuada (IEC), (Dossiê – A atualidade da Escola de Frankfurt).

LEVY-STRAUSS, Claude. *Tristes trópicos*. Lisboa: Edições 70, 1981.

LLOYD-JONES, H. (Org.). *O mundo grego*. Rio de Janeiro: Zahar, 1977.

LOBO JR. Dácio Tavares. "Reflexões sobre o trabalho interdisciplinar na educação: história, práticas e representações sociais". Cadernos de Ensaios e Pesquisas do curso de Pedagogia da UFF, Niterói, Caderno 8, Ano 3, julho de 2002/julho de 2003.

LÖWY, Michael. *Walter Benjamin: aviso de incêndio. Uma leitura das teses "Sobre o conceito de história"*. São Paulo: Boitempo, 2005.

LUKÁCS, Georg. *Ensaios sobre literatura*. Rio de Janeiro: Civilização Brasileira, 1968.

LYOTARD, François. *A condição pós-moderna*. Lisboa: Gradiva, 1989.

MARCUSE, Herbert. *Eros e civilização. Uma interpretação filosófica do pensamento de Freud*. Rio de Janeiro: Jorge Zahar, 1968.

MARCUSE, Herbert. *Razão e revolução. Hegel e o advento da teoria social*. Rio de Janeiro: Paz e Terra, 1978.

MARX, K. *O 18 Brumário de Luis Bonaparte*. São Paulo: Escriba, 1968.

MISSAC, Pierre. *L'Ange de L'Histoire. Rosenzweig, Benjamin, Scholem*. Paris: Seuil, 1992.

MONTAIGNE, Michel de. *Ensaios*. São Paulo: Abril Cultural, 1980.

NARODOWSKI, Mariano. *Comenius e a Educação*. Belo Horizonte: Autêntica, 2004.

ORLANDI, Eni. P. I. *Língua e conhecimento linguístico. Para uma história das ideias no Brasil*. São Paulo: Cortez, 2002.

PEDROSA, Mário. "Arte ambiental, arte pós-moderna, Hélio Oiticica". Em: FERREIRA, Glória (Org.). *Crítica de arte no Brasil: temáticas contemporâneas*. Rio de Janeiro: FUNARTE, 2006.

PESSANHA, J. A. M. "Cultura como Ruptura". Em: BORNHEIM, G. et alii. *Cultura brasileira. Tradição contradição*. Rio de Janeiro: Jorge Zahar/FUNARTE, 1987.

PIAGET, J. *Sabedoria e Ilusões da Filosofia*. São Paulo: Difusão Europeia do Livro, 1969.

PLATÃO. "Phèdre". Em: *Platão*. Oeuvres Completes, t. IV. Paris: Les Belles Lettres, 1985.

PLATÃO. *A República*. Tradução de Carlos Alberto Nunes. Belém: EDUFPA, 2000.

RIBE, Wolfgang. "Nascimento da Grande Berlim". Em: RICHARD, Lionel. (Org.). Berlim, 1919-1933. *A encarnação extrema da modernidade*. Rio de Janeiro: Jorge Zahar, 1993. (Col. Memória das cidades).

RIBEIRO, D. *O povo brasileiro: a evolução e o sentido do Brasil*. São Paulo: Companhia das Letras, 1995.

RIBEIRO, Maria Luisa Ferreira. *As mulheres na filosofia*. Lisboa: Edições Colibri, 2009.

RICHARD, Lionel. "Uma identidade contraditória". Em: RICHARD, Lionel (Org.). Berlim, 1919-1933. *A encarnação extrema da modernidade*. Rio de Janeiro: Jorge Zahar, 1993 (Col. Memória das cidades).

ROCHLITZ, Rainer. *O desencantamento da arte: a filosofia de Walter Benjamin*. Bauru, SP: EDUSC, 2003.

ROUSSEAU, Jean-Jacques. *Emílio ou da educação*. Rio de Janeiro Bertrand Brasil, 1992.

SCHLEGEL, Friedrich. *Conversa sobre poesia e outros Fragmentos.* Tradução, prefácio e notas: Victor-Pierre Stirnimann. São Paulo: Iluminuras, 1994.

SCHOLEM, Gershom. *Walter Benjamin: a história de uma amizade.* São Paulo: Perspectiva, 1989.

SELIGMANN-SILVA, Márcio. *Ler o livro do mundo.* Walter Benjamin: *Romantismo e Crítica Poética.* São Paulo: Iluminuras/ FAPESP, 1999.

SILVA, Tomaz Tadeu. *Teoria educacional crítica em tempos pós--modernos.* Porto Alegre: Artes Médicas, 1993.

SOUZA, Maria Cecília C. C. I. *A escola e a memória.* Bragança Paulista: Editora da Universidade de São Francisco / EDUSF, 2000.

SZMRECSÁNYI, Támaz. "Esboços de História da Ciência e da Tecnologia". Em: SOARES, Luiz Carlos (Org.) *Da Revolução Científica à Big (Business) Science.* São Paulo: Hucitec; Niterói: Ed. UFF, 2001.

VYGOTSKY, Lev Semenovich. *Pensamento e linguagem.* São Paulo: Martins Fontes, 1993.

WEIL, Simone. *Opressão e liberdade.* Bauru, SP: EDUSC, 2001.

WILLIAMS, Raymond. *Cultura e sociedade.* São Paulo: Companhia Editora Nacional, 1969.

WOLLSTONECRAFT, Mary. "A Vindication of the Rights of Woman". In: WOLLSTONECRAFT, Mary. *Political Writings*. Oxford: Oxford University Press, 1994.

Esta obra foi composta em CTcP
Capa: Supremo 250 g - Miolo: Pólen Soft 80 g
Impressão e acabamento
Gráfica e Editora Santuário